"十二五"职业教育国家规划教材

普通高等教育"十一五"国家级规划教材

新世纪高职高专会计专业系列规划教材

（实训部分）（第六版）

新编税收实务

XINBIAN SHUISHOU SHIWU

新世纪高职高专教材编审委员会 组编

主　编　裴更生　王　磊

副主编　郑英美　王美田

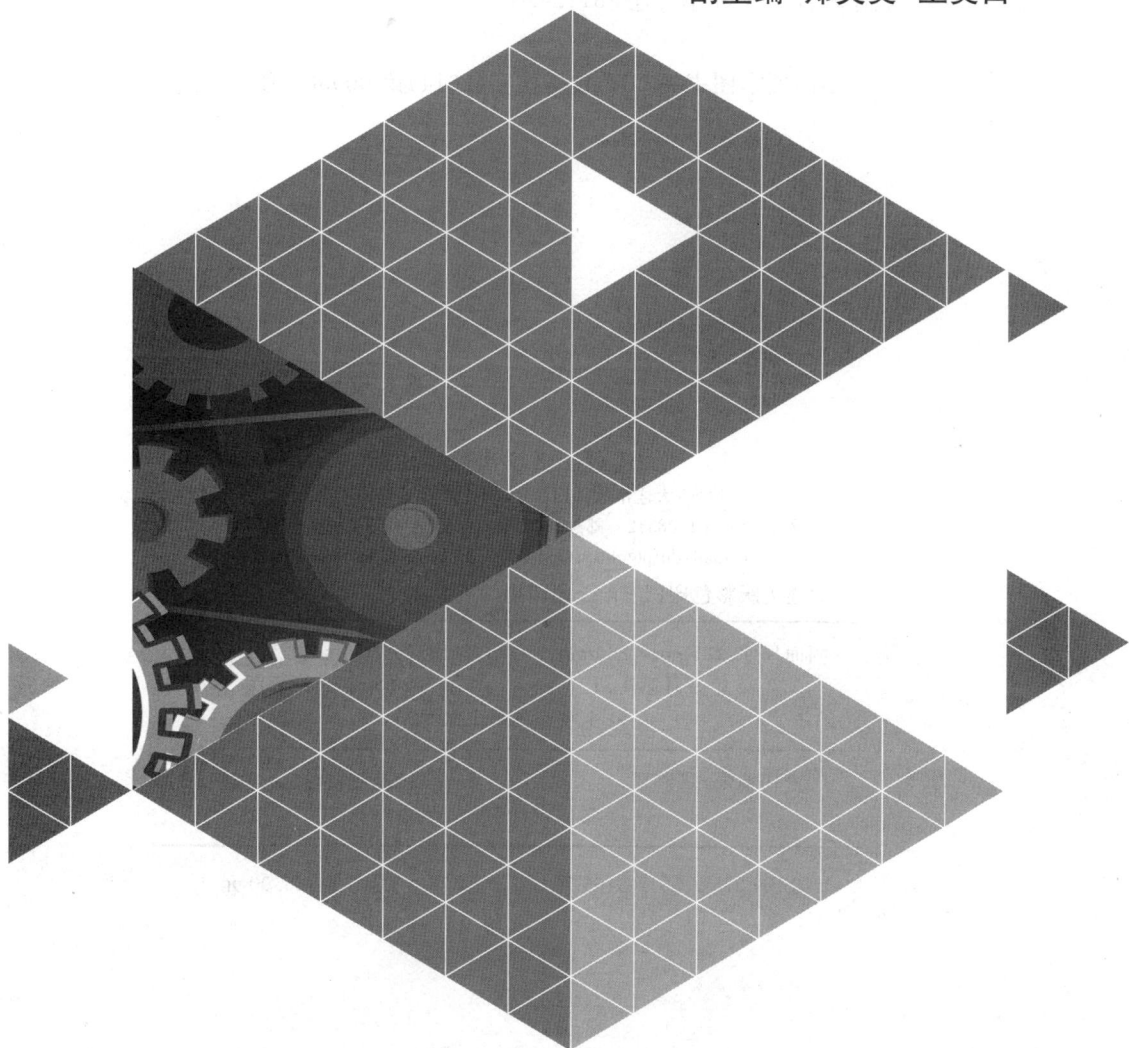

大连理工大学出版社

图书在版编目(CIP)数据

新编税收实务. 实训部分 / 裴更生,王磊主编. — 6 版
— 大连 ：大连理工大学出版社,2014.6
新世纪高职高专会计专业系列规划教材
ISBN 978-7-5611-8456-1

Ⅰ. ①新… Ⅱ. ①裴…②王… Ⅲ. ①税收管理－中国－高等
职业教育－教材 Ⅳ. ①F812.423

中国版本图书馆 CIP 数据核字(2014)第 009302 号

大连理工大学出版社出版
地址:大连市软件园路 80 号　邮政编码:116023
发行:0411-84708842　邮购:0411-84708943　传真:0411-84701466
E-mail:dutp@dutp.cn　URL:http://www.dutp.cn
大连美跃彩色印刷有限公司印刷　　大连理工大学出版社发行

幅面尺寸:185mm×260mm　印张:11.75　　字数:260 千字
2003 年 9 月第 1 版　　　　2014 年 6 月第 6 版
2014 年 6 月第 1 次印刷

责任编辑:郑淑琴　　　　　　　责任校对:孟珊珊
封面设计:张　莹

ISBN 978-7-5611-8456-1　　　　　　定　价:25.00 元

总 序

　　我们已经进入了一个新的充满机遇与挑战的时代,我们已经跨入了21世纪的门槛。

　　20世纪与21世纪之交的中国,高等教育体制正经历着一场缓慢而深刻的革命,我们正在对传统的普通高等教育的培养目标与社会发展的现实需要不相适应的现状作历史性的反思与变革的尝试。

　　20世纪最后的几年里,高等职业教育的迅速崛起,是影响高等教育体制变革的一件大事。在短短的几年时间里,普通中专教育、普通高专教育全面转轨,以高等职业教育为主导的各种形式的培养应用型人才的教育发展到与普通高等教育等量齐观的地步,其来势之迅猛,发人深思。

　　无论是正在缓慢变革着的普通高等教育,还是迅速推进着的培养应用型人才的高职教育,都向我们提出了一个同样的严肃问题:中国的高等教育为谁服务,是为教育发展自身,还是为包括教育在内的大千社会?答案肯定而且唯一,那就是教育也置身其中的现实社会。

　　由此又引发出高等教育的目的问题。既然教育必须服务于社会,它就必须按照不同领域的社会需要来完成自己的教育过程。换言之,教育资源必须按照社会划分的各个专业(行业)领域(岗位群)的需要实施配置,这就是我们长期以来明乎其理而疏于力行的学以致用问题,这就是我们长期以来未能给予足够关注的教育目的问题。

　　众所周知,整个社会由其发展所需要的不同部门构成,包括公共管理部门如国家机构、基础建设部门如教育研究机构和各种实业部门如工业部门、商业部门,等等。每一个部门又可作更为具体的划分,直至同它所需要的各种专门人才相对应。教育如果不能按照实际需要完成各种专门人才培养的目标,就不能很好地完成社会分工所赋予它的使命,而教育作为社会分工的一种独立存在就应受到质疑(在市场经济条件下尤其如此)。可以断言,按照社会的各种不同需要培养各种直接有用人才,是教育体制变革的终极目的。

随着教育体制变革的进一步深入，高等院校的设置是否会同社会对人才类型的不同需要一一对应，我们姑且不论，但高等教育走应用型人才培养的道路和走研究型（也是一种特殊应用）人才培养的道路，学生们根据自己的偏好各取所需，始终是一个理性运行的社会状态下高等教育正常发展的途径。

高等职业教育的崛起，既是高等教育体制变革的结果，也是高等教育体制变革的一个阶段性表征。它的进一步发展，必将极大地推进中国教育体制变革的进程。作为一种应用型人才培养的教育，它从专科层次起步，进而应用本科教育、应用硕士教育、应用博士教育……当应用型人才培养的渠道贯通之时，也许就是我们迎接中国教育体制变革的成功之日。从这一意义上说，高等职业教育的崛起，正是在为必然会取得最后成功的教育体制变革奠基。

高等职业教育还刚刚开始自己发展道路的探索过程，它要全面达到应用型人才培养的正常理性发展状态，直至可以和现存的（同时也正处在变革分化过程中的）研究型人才培养的教育并驾齐驱，还需要假以时日；还需要政府教育主管部门的大力推进，需要人才需求市场的进一步完善发育，尤其需要高职教学单位及其直接相关部门肯于做长期的坚忍不拔的努力。新世纪高职高专教材编审委员会就是由全国100余所高职高专院校和出版单位组成的、旨在以推动高职高专教材建设来推进高等职业教育这一变革过程的联盟共同体。

在宏观层面上，这个联盟始终会以推动高职高专教材的特色建设为己任，始终会从高职高专教学单位实际教学需要出发，以其对高职教育发展的前瞻性的总体把握，以其纵览全国高职高专教材市场需求的广阔视野，以其创新的理念与创新的运作模式，通过不断深化的教材建设过程，总结高职高专教学成果，探索高职高专教材建设规律。

在微观层面上，我们将充分依托众多高职高专院校联盟的互补优势和丰裕的人才资源优势，从每一个专业领域、每一种教材入手，突破传统的片面追求理论体系严整性的意识限制，努力凸现高职教育职业能力培养的本质特征，在不断构建特色教材建设体系的过程中，逐步形成自己的品牌优势。

新世纪高职高专教材编审委员会在推进高职高专教材建设事业的过程中，始终得到了各级教育主管部门以及各相关院校相关部门的热忱支持和积极参与，对此我们谨致深深谢意，也希望一切关注、参与高职教育发展的同道朋友，在共同推动高职教育发展、进而推动高等教育体制变革的进程中，和我们携手并肩，共同担负起这一具有开拓性挑战意义的历史重任。

新世纪高职高专教材编审委员会

2001 年 8 月 18 日

前　言

　　《新编税收实务》(第六版)是"十二五"职业教育国家规划教材和普通高等教育"十一五"国家级规划教材,也是新世纪高职高专教材编审委员会组编的会计专业系列规划教材之一,分"基础部分"和"实训部分"两册,本册为"实训部分"。

　　随着知识经济时代的到来,社会对高素质应用型人才的需求更加迫切。高等职业教育正是一种适应时代发展需要,为生产、建设、服务第一线培养应用型人才的教育模式。基于高等职业教育培养应用型人才的培养目标,本着"基础理论以必需和够用为度,专业知识重点放在成熟的技术和管理规范上"的原则,我们组织了具有丰富教学经验的一线教师,借鉴任务驱动教学模式,编写了这套教材。本版教材在上一版教材的基础上,参考了用书单位反馈的意见和建议,根据最新的税收法规及相关制度,对上一版教材中的相关内容进行相应的更新和修改。修订后的教材内容更加完善、实用,主要突出了如下特点:

　　(1)知识和能力训练,体现岗位需求

　　原教材在编写中充分考虑了办税工作岗位对税法知识和能力的要求,科学设计技能训练任务,每个任务都安排了知识能力训练目标、知识小结、能力训练三个模块,在能力训练模块中设计了报税实务。这次修订根据办税工作岗位的要求,对知识进行了系统梳理,设计了知识目标、能力目标、知识小结、能力训练、任务驱动和纳税申报实务六个模块,加强了纳税申报职业能力的培养。编写团队深入办税工作岗位及对岗位工作任务进行调研,解构出的工作任务贴近岗位需求,具有典型性、针对性和时效性,突出学生职业技能的培养。

　　(2)技能训练同步,强化能力培养

　　本实训教材是《新编税收实务》(基础部分)的配套教材,学生在全面学习教材的基础上,同步进行仿真实训。能力训练模块覆盖面全,对纳税申报能力所需的知识点和技能进行了反复演练。通过技能训练,可以增强学生对理论知识的系统理解,熟练掌握操作技能,提高学生的税务处理

能力,为将来走向办税工作岗位奠定较为坚实的基础。

(3)任务驱动,实践性强

本教材实践性强,根据企业办税工作流程,设计实训项目任务,注重学生动手能力的培养。任务驱动模块是编写团队根据企业办税工作,充分考虑了初学者的认知规律,将真实的工作过程转变为易于学生学习的工作任务。在学生完成工作任务的过程中,培养他们的纳税申报能力。比如,我们在税收征管实务工作任务中,开发出增值税开票系统训练子任务,设计了几笔增值税业务,其中有开具专用发票的,也有开具普通发票的,还有的是涉及开具红字发票。这项任务,实操性强,培养了学生的动手能力。

(4)仿真模拟纳税申报,充分体现了"做中学、学中做"的高职教学理念

本教材在知识学习、技能训练的基础上,对主要任务均精心设计了"纳税申报实务"案例。纳税申报实务模块是对学生综合能力的训练和考核。主要任务有1~2个申报实例,这些子任务是报税业务中比较典型的工作,是编写团队经过多年的设计、提炼,经过几届学生的实训,进行了不断完善和修订才形成的,比较成熟,对学生职业能力的培养和职业素质的养成起到极大的促进作用。

本教材由河北政法职业学院裴更生、辽宁经济管理干部学院王磊担任主编,河北政法职业学院郑英美、东营职业学院王美田担任副主编,固特异大连公司注册会计师刘大林通审了全部书稿,提出许多宝贵意见,在此表示感谢! 全书由裴更生、王磊负责拟定大纲并总撰定稿。具体分工如下:裴更生编写项目一~项目三,王磊编写项目四~项目六,郑英美编写项目七、项目八,王美田编写项目九、项目十。

本教材由从事多年税收教学工作的教师编写而成,在此对相关院校和有关部门的大力支持与帮助深表谢意! 我们愿意与使用者分享我们的知识和技能,因为税收知识本来就属于和服务于全民。

尽管我们在教材的特色建设方面做出了许多努力,但由于编者水平所限,加之编写时间仓促,所以书中难免有疏漏之处,恳请读者批评指正,以便进一步修订和完善。

为方便教学,本教材配有答案,请登录教材服务网站下载。

编　者

2014 年 6 月

所有意见和建议请发往:dutpgz@163.com

欢迎访问教材服务网站:http://www.dutpbook.com

联系电话:0411-84706671　84707492

目 录

税收基础知识认知

职业判断基础

知识目标

1.了解税收的产生历史及作用；

2.掌握税收的概念与特征；

3.了解税收法律关系；

4.理解税制构成要素；

5.了解我国现行税制概况及税收分类。

能力目标

1.熟悉我国现行税收管理体制；

2.正确区分税收收入在中央与地方之间的分配；

3.了解税收的立法程序；

4.掌握税收的主要分类方法；

5.能根据服务企业的类型和经办业务判断应纳税种。

知识小结

1.关键术语

税收、税收的形式与特征、税收的作用、税法、税法的制定、税法的实施。税收制度、纳税义务人、征税对象、税目、计税依据、税率、比例税率、定额税率、累进税率、全额累进税率、超额累进税率、超率累进税率、纳税环节、多次课税、一次课税、纳税期限、减免税与加征、起征点、免征额、税收附加、税收加成、违章处理、偷税、抗税、漏税、欠税、加收滞纳金、处罚条款、税收保全措施、强制执行措施、提请司法机关处理。流转税类、所得税类、资源税类、财产税类、特定目的税类、直接税、间接税、中央税、地方税、中央与地方共享税、价内税、价外税、从价税、从量税、实物税、货币税。国家税务局、地方税务局。

2.本章重点、难点

本章重点:税收的概念、税收制度及其构成要素、税收的分类、我国现行税制体系中国家税务局系统和地方税务局系统主要负责征收管理的税种范围。

本章难点:税法的地位、税收法律关系的构成及其特征、税收立法权的划分、税种在分税制财政管理体制下的划分、税种在税收执法权上的划分、中央与地方之间在税收收入上的划分、运用累进税率进行应纳税额的计算、价内税与价外税的根本含义及运用。

能力训练

一、单项选择题

1.一般认为,税收是国家凭借(　　)参与社会产品的分配。

A.政治权力　　　　B.经济权力　　　　C.所有者权力　　　　D.财产权力

2.(　　)是一个税种区别于另一个税种的主要标志,是税收制度的基本要素之一。

A.征税对象　　　　B.纳税义务人　　　　C.税率　　　　D.纳税期限

3.税目是征税对象的具体项目,以下关于税目的说法正确的是(　　)。

A.税目具体规定一个税种的税收负担,体现征税的深度

B.税目具体规定一个税种的征税范围,体现征税的广度

C.税目具体规定一个税种的征税范围,体现征税的深度

D.税目具体规定一个税种的税收负担,体现征税的广度

4.体现国家税收政策、作为税收制度中心环节的税收要素是(　　)。

A.纳税义务人　　　　B.征税对象　　　　C.纳税环节　　　　D.税率

5.下列不属于中央政府与地方政府共享收入的有(　　)。

A.国内增值税　　　　B.印花税　　　　C.营业税　　　　D.房产税

6.关于税法构成要素,下列说法中不正确的是(　　)。

A.纳税人是税法规定的直接负有纳税义务且实际负担税款的单位和个人

B.征税对象是税法中规定的征税的目的物,是国家征税的依据

C.税率是对征税对象的征收比例或征收额度,是计算税额的尺度

D.税目是课税对象的具体化,反映具体征税项目

7.下列税种中,属于直接税的是(　　)。

A.增值税　　　　B.个人所得税　　　　C.营业税　　　　D.消费税

8.我国于(　　)实行了分税制,设立了国家税务总局和地方税务局两个税务机构。

A.2009 年　　　　B.1994 年　　　　C.1992 年　　　　D.2008 年

9.下列收入中,属于中央与地方共享的有(　　)。

A.海关代征的进口消费税　　　　　　B.车辆购置税

C.土地增值税　　　　　　　　　　　D.企业所得税

10.下列税种中,应由国家税务机关负责征收的是(　　)。

A.个人所得税　　　　　　　　　　　B.地方银行缴纳的企业所得税

C.耕地占用税　　　　　　　　　　　D.全部资源税

二、多项选择题

1. 一般认为，税收的形式特征包括（　　）。
A. 强制性
B. 无偿性
C. 广泛性
D. 固定性

2. 下列税收中，（　　）形成中央政府固定收入。
A. 消费税
B. 关税
C. 增值税
D. 企业所得税

3. 下列税收中，（　　）形成中央政府与地方政府共享收入。
A. 营业税
B. 资源税
C. 印花税
D. 企业所得税

4. 下列税种中，（　　）属于财产税。
A. 个人所得税
B. 房产税
C. 车船税
D. 契税

5. 下列项目中，属于税收法律的有（　　）。
A.《个人所得税法》
B.《税收征收管理法》
C.《税收征收管理法实施细则》
D.《企业所得税法》

6. 按税收的管理使用权限标准分类，税收可以分为（　　）。
A. 国家税
B. 中央税
C. 地方税
D. 中央与地方共享税

7. 构成税法的三个最重要的基本要素包括（　　）。
A. 纳税义务人
B. 征税对象
C. 税目
D. 税率

8. 我国代表国家行使征税职责的机关是（　　）。
A. 国家各级税务机关
B. 国家各级财政机关
C. 国家各级农业主管机关
D. 海关

9. 下列税种全部属于中央政府固定收入的是（　　）。
A. 消费税
B. 增值税
C. 车辆购置税
D. 资源税

10. 下列税种中，由国家税务局负责征收的有（　　）。
A. 保险总公司集中缴纳的营业税
B. 车辆购置税
C. 铁道部集中缴纳的企业所得税
D. 契税

三、判断题

1. 免税是对应纳税额全部免征。（　　）

2. 在税收法律关系中，权利主体双方的法律地位是平等的，双方的权利与义务也是对等的。（　　）

3. 在税收法律关系中，代表国家行使征税职权的税务机关是权力主体，履行纳税义务的法人、自然人是义务主体或称权力客体。（　　）

4. 纳税义务人是税法规定的直接负有纳税义务的单位和个人。（　　）

5.按税收和价格的关系,税收可分为从价税和从量税。 （ ）

6.税收是国家财政收入的重要支柱。目前,我国有 95％以上的财政收入来源于税收。 （ ）

7.税率能体现国家征税的尺度或深度。 （ ）

8.定额税率的最大优点是计算简单,但税额会受商品价格变动的影响。 （ ）

9.所有税收征税对象数额超过起征点的,应就其超过部分按适用税率计算征税。

（ ）

10.个人所得税、印花税等均由地方税务机关负责征收,其收入全部归地方财政所有。

（ ）

项目二

增值税纳税实务

◆ 知识目标

1. 了解增值税税率制度的设计；
2. 掌握增值税的征税范围、纳税义务人和税率；
3. 了解增值税纳税人资格的认定；
4. 掌握特殊销售方计税销售额的确认；
5. 掌握计税销售额与应纳税额的计算；
6. 熟悉增值税出口退税政策；
7. 熟悉增值税纳税义务发生时间。

◆ 能力目标

1. 能辨别增值税一般纳税人和小规模纳税人；
2. 能判断增值税一般纳税人及小规模纳税人适用税率；
3. 辨别增值税混合销售行为与兼营非应税劳务的行为；
4. 能正确计算一般纳税人和小规模纳税人应纳增值税税额；
5. 正确运用增值税的税款抵扣政策；
6. 会计算进口货物应纳增值税税额；
7. 正确运用增值税的出口退（免）税政策；
8. 能正确编制增值税纳税申报表及附表资料；
9. 能准确填制增值税税收缴款书；
10. 会办理增值税税款缴纳工作；
11. 独立获取财税信息的能力。

◆ 知识小结

1. 关键术语

增值税、价外税、一般纳税人、小规模纳税人、增值税应税货物、增值税委托加工、增值税修理修配、进口货物、视同销售、折扣销售、销售折扣、退货和折让、以旧换新、还本销售、以物易物、包装物押金、旧物销售、核定计税价格、销项税额、进项税额、增值税免税项目、增值税应纳税额、混合销售行为、兼营行为、增值税出口退(免)税、免抵退税、先征后退、结算方式、纳税申报、增值税专用发票。

2. 本章重点、难点

本章重点:增值税的基本制度、增值税的计算、增值税纳税申报实务操作。

本章难点:增值税纳税人的认定和划分、增值税应纳税额的计算、增值税出口退税政策与计算。

能力训练

一、单项选择题

1. 纳税销售或进口下列(   )货物,按 17% 的税率计征增值税。

A. 天然气   B. 图书   C. 洗衣机   D. 音像制品

2. 某生产企业(   )项目应确认收入实现,计算销项税额。

A. 将购买的货物投资给其他单位

B. 将购买的货物用于装修职工活动中心

C. 将购买的货物交给加工单位委托加工后收回继续用于生产使用

D. 将购买的货物用于其兼营的租赁业务

3. 下列项目中,不允许抵扣增值税进项税额的是(   )。

A. 一般纳税人购进应税劳务

B. 一般纳税人销售货物时支付的运费(已取得货物运输业增值税专用发票)

C. 工业企业购进已取得增值税专用发票并已认证的原材料

D. 商业企业购进尚未取得发票的货物

4. 某服装厂将自产的服装作为福利发给本厂职工,该批产品的制造成本共计 10 万元,利润率为 10%,按当月同类产品的平均销售价格计算销售额为 18 万元。计征增值税的销售额应为(   )万元。

A. 10   B. 10.9   C. 11   D. 18

5. 下列物品中,不属于免征增值税的是(   )。

A. 由残疾人组织直接进口的供残疾人专用的轮椅

B. 个体经营者销售自己使用过的摩托车

C. 直接用于科研的进口仪器、设备

D. 农业生产者自产自销的农产品

6. 从 2009 年 1 月 1 日起,我国实行的是(   )。

A. 生产型增值税   B. 收入型增值税

C. 消费型增值税   D. 抵扣型增值税

7. 下列各项中,按 13% 低税率征收增值税的是(   )。

A. 古旧图书、报纸、杂志

B. 饲料、化肥、农药、农机、农膜

C.外国政府、国际组织无偿援助的进口物资和设备

D.避孕药品和用具

8.《增值税暂行条例》中所称的货物是指（　　）。

A.有形资产　　　　B.无形资产　　　　C.不动产　　　　D.有形动产

9.下列选项中属于增值税免税项目的是（　　）。

A.棉花公司销售棉花　　　　　　　B.避孕药品和用具

C.银行销售金银　　　　　　　　　D.农贸公司出售收购的农业产品

10.将购买的货物用于下列项目时,准予抵扣进项税额的是（　　）。

A.用于维修职工宿舍　　　　　　　B.用于集体福利

C.作为福利发放给职工　　　　　　D.分配给投资者

11.我国现行的《中华人民共和国增值税暂行条例》,是从（　　）起开始实行的。

A.2008 年 1 月 1 日　　　　　　　B.2009 年 1 月 1 日

C.1994 年 1 月 1 日　　　　　　　D.2007 年 1 月 1 日

12.某个体户从事商业批发业务,某月外购一批货物 500 件,价税合计 58 500 元,当月销售 400 件,请税务机关代开的增值税专用发票上注明的销售额为 55 000 元,则该个体户应当缴纳的增值税为（　　）元。

A.3 300　　　　　B.2 200　　　　　C.9 350　　　　　D.1 650

13.下列选项中,符合增值税专用发票开具时限规定的是（　　）。

A.将货物分配给股东的,为货物移送的当天

B.采用预收货款结算方式的,为收到货款的当天

C.委托代销货物的,为发出货物的当天

D.将货物作为投资的,为货物使用的当天

14.下列属于增值税混合销售行为的有（　　）。

A.电话局提供电话安装的同时销售电话机

B.歌舞厅销售饮料

C.塑钢门窗商店销售产品,并为客户加工与安装

D.汽车制造厂既生产、销售汽车,又提供汽车修理服务

15.下列（　　）不属于增值税的征税范围。

A.进口货物　　　　　　　　　　　B.销售房屋

C.销售货物　　　　　　　　　　　D.提供加工、修理修配劳务

16.万达公司系增值税一般纳税人,2013 年 11 月 5 日购入原材料 200 万元,其中 80 万元于 11 月 9 日被盗,则此原材料应转出的进项税额是（　　）万元。

A.34　　　　　　　B.20.4　　　　　　C.13.6　　　　　　D.8

17.下列不得抵扣进项税额的项目有（　　）。

A.用于修建厂房的购进水泥　　　　B.用于赠送客户的购进水泥

C.正常损失的购进货物　　　　　　D.一般纳税人购入的货物

18.下列混合销售行为中,应征收增值税而不征营业税的是（　　）。

A.饭店提供餐饮服务并销售酒水

B.电信部门提供电信服务并销售电话机

C.歌舞厅提供服务并销售啤酒、饮料

D.家具城在销售家具时为顾客有偿送货

19.某生产果酒的企业为增值税一般纳税人,月销售收入为140.4万元(含税),当期发出包装物收取押金4.68万元,当期逾期未归还包装物押金2.34万元,该企业本期应申报的销项税额为(　　)万元。

A.20.4　　　　　　B.20.74　　　　　　C.21.08　　　　　　D.20.797 8

20.纳税人将委托加工收回的货物发给职工作为福利,则下列处理正确的是(　　)。

A.不能抵扣该货物的进项税额

B.视同销售计销项税额,可抵扣进项税额

C.视同销售计销项税额,不可抵扣进项税额

D.能抵扣该货物的进项税额,不计销项税额

二、多项选择题

1.下列销售行为应征收增值税的是(　　)。

A.销售热力　　　　　　　　　　B.销售机器

C.销售房屋　　　　　　　　　　D.缝纫业务

2.单位和个人提供的下列劳务中,应征收增值税的是(　　)。

A.动力设备修理　　　　　　　　B.房屋修理

C.汽车修配　　　　　　　　　　D.受托加工卷烟

3.以下属于增值税视同销售货物的行为的是(　　)。

A.将自产、委托加工的货物用于非增值税应税项目

B.将购买的货物用做集体福利

C.销售他人代销的货物

D.将自产的货物用做投资

4.将购进货物用于(　　),为不得抵扣进项税额的项目,应作进项税额转出处理。

A.免税项目　　　　　　　　　　B.集体福利

C.个人消费　　　　　　　　　　D.非增值税应税项目

5.一般纳税人向购买方收取的(　　)需计入销售额计算销项税额。

A.手续费　　　　　　　　　　　B.逾期不退回的包装物押金

C.包装物租金　　　　　　　　　D.代垫运费(运费发票开给购货方)

6.下列(　　)货物适用13%的税率计征增值税。

A.石油　　　　　B.食用植物油　　　　C.自来水　　　　D.饲料

7.宏发公司以价值100 000元的货物与兴源公司价值120 000元的货物相交换,余款开出转账支票补付。两公司的税务处理正确的是(　　)。

A.宏发公司以100 000元计算销项税额,并开具增值税专用发票,作为兴源公司抵扣进项税额的合法凭证

B.兴源公司以120 000元计算销项税额,并开具增值税专用发票,作为宏发公司抵扣进项税额的合法凭证

C.兴源公司以20 000元计算销项税额,宏发公司不用缴纳增值税

D.宏发公司、兴源公司各自以220 000元计算销项税额,并开具增值税专用发票

8.下列经营活动取得的( )项目,在计算销项税额时需进行含税销售额的换算。

A.向购买方收取的各项价外费用 　　 B.逾期包装物押金

C.包装物的租金 　　 D.混合销售涉及的非增值税应税劳务收入

9.下列纳税人中,属于营业税改增值税试点范围的有( )。

A.某保险公司 　　 B.某会计师事务所

C.某铁路运输公司 　　 D.某广告公司

10.增值税纳税义务发生时间可以是( )。

A.进口货物为报关进口的当天

B.发生视同销售行为的,为货物移送的当天

C.委托他人代销货物的,为发出代销货物的当天

D.直接收款方式销售货物的,不论货物是否发出,均为收讫销货款或取得销货款凭据的当天

11.增值税一般纳税人的下列销售行为中,不得开具增值税专用发票的有( )。

A.销售给外省分支机构的应税货物 　　 B.向小规模纳税人销售应税货物

C.直接销售给消费者的消费品 　　 D.直接销售给使用单位的机器设备

12.下列选项中,属于增值税销售额组成部分的价外费用的有( )。

A.向购买方收取的手续费、补贴、集资费

B.向购买方收取的包装费、包装物租金

C.向购买方收取的销项税额

D.向购买方收取的滞纳金、延期付款利息、赔偿金

13.天宇公司外购的一批货物价值10 000元,委托金利公司加工成商品,支付加工费2 000元。货物加工好后,天宇公司将这批货物直接对外出售,开具的增值税专用发票上注明销售额为15 000元。天宇、金利两公司均为一般纳税人并取得增值税专用发票。根据以上叙述,下列各种说法中正确的是( )。

A.天宇公司应当缴纳增值税510元

B.金利应当缴纳增值税340元

C.天宇公司应当缴纳增值税850元

D.金利不需要缴纳增值税

14.顺达烟草公司进口一批甲类卷烟,报关时应在海关缴纳( )。

A.关税 　　 B.营业税 　　 C.消费税 　　 D.增值税

15.下列各项中,符合增值税专用发票开具时限规定的有( )。

A.采用预收货款结算方式的,为发出货物的当天

B.将货物交付他人代销的,为收到代销清单的当天

C.采用赊销方式的,为合同约定的收款日期的当天

D.将货物作为投资提供给其他单位的,为货物移送的当天

16.下列各项中,应当征收增值税的有(   )。

A.照相馆提供照相服务并销售相框　　B.邮局提供邮政服务并销售集邮商品

C.商店销售空调并负责安装　　D.汽车修理厂修车并提供洗车服务

17.下列情况中,不属于委托加工业务、而应按照受托方销售自制货物征收增值税的有(   )。

A.由受托方提供原材料生产的货物

B.委托方提供原材料,受托方收取加工费加工的货物

C.受托方先将原材料卖给委托方,然后再加工的货物

D.受托方以委托方名义购进原材料生产的货物

18.可以退(免)税的出口货物一般应具备的条件是(   )。

A.必须是属于增值税、消费税征税范围的货物

B.必须是报关离境的货物

C.必须是在财务上作销售处理的货物

D.必须是出口收汇并核销的货物

19.按照对外购固定资产进项税额的处理方式不同,将增值税分为(   )。

A.生产型增值税　　B.收入型增值税

C.消费型增值税　　D.流转型增值税

20.下列关于单独核算、为销售货物而出租出借包装物所收取的押金是否计入销售额,正确规定的有(   )。

A.时间在1年以内,又未过期的,不并入销售额征税

B.除啤酒、黄酒之外的其他酒类包装物押金,一律并入销售额征税

C.对收取1年以上的押金,无论是否退还均并入销售额征税

D.并入销售额征税时,先将押金换算成不含税价

21.我国出口货物增值税的退税政策有(   )。

A.先征后退　　B.出口免税并且退税

C.出口免税但不予退税　　D.出口不免税也不予退税

三、判断题

1.好利来公司为总经理购入一辆小轿车,由于是固定资产,所以会计人员抵扣了该辆轿车的进项税。(   )

2.一般纳税人选择简易办法计算缴纳增值税后,12个月内不得变更。(   )

3.纳税人销售旧货,按照简易办法依照4%征收率减半征收增值税。(   )

4.个人(不包括个体工商户)销售自己使用过的物品免税。(   )

5.自2011年1月1日起,增值税销售货物或应税劳务的起征点规定为月销售额5 000至20 000元。(   )

6.邮政部门以外的其他单位和个人销售集邮商品(如邮票、首日封、邮折等)应当征收增值税。(   )

7.单位或者个体工商户聘用的员工为本单位或者雇主提供加工、修理、修配劳务的,不征收增值税。(   )

8.典当业死当销售业务和寄售业代委托人销售货物的业务,暂按简易办法依照4%征收率计算缴纳增值税。　　　　　　　　　　　　　　　　　　　（　　）

9.年应税销售额超过小规模纳税人标准的非企业性单位和不经常发生应税行为的企业可以自行选择按小规模纳税人纳税。　　　　　　　　　　　　　　　（　　）

10.纳税人提供有形动产租赁服务采取预收款方式的,其纳税义务发生时间为收到预收款的当天。　　　　　　　　　　　　　　　　　　　　　　　　　（　　）

11.某企业从国外购进一台生产用固定资产,进口时海关已征收了进口环节增值税,取得了海关进口增值税专用缴款书,此进项税可以抵扣。　　　　　　　（　　）

12.对销售除啤酒、黄酒以外的其他酒类产品而收取的包装物押金,无论是否返还,均应并入销售额计税。　　　　　　　　　　　　　　　　　　　　　（　　）

13.已抵扣进项税额的购进货物,如果作为集体福利发放给职工个人,发放时应视同销售计算增值税销项税额。　　　　　　　　　　　　　　　　　　　（　　）

14.出口货物退税率是出口货物的实际退税额与退税计税依据之间的比例,是出口退税的中心环节。　　　　　　　　　　　　　　　　　　　　　　　（　　）

15.增值税一般纳税人向消费者个人销售货物或者应税劳务,不得开具增值税专用发票。　　　　　　　　　　　　　　　　　　　　　　　　　　　　　（　　）

16.对金银首饰以旧换新业务,可以按照销售方实际收取的不含增值税的全部价款征收增值税。　　　　　　　　　　　　　　　　　　　　　　　　　（　　）

17.纳税人进口货物,应向货物到达口岸的税务机关申报缴纳增值税。　（　　）

18.残疾人个人为社会提供的加工和修理修配劳务,免征增值税。　　（　　）

19.增值税起征点的范围仅限个人。销售额达到或超过起征点则照章全额计算纳税,销售额低于起征点的则免于征收增值税。　　　　　　　　　　　　　　（　　）

20.纳税人向购买方收取的价外费用应视为含税收入,在征税时换算成不含税收入,再并入销售额。　　　　　　　　　　　　　　　　　　　　　　　（　　）

◆ 任务驱动

【工作任务1】　百惠商场为增值税一般纳税人,从事百货批发和零售业务,2013年10月发生下列业务:

(1)10月1日,把购进的价值50 000元的库存商品发放给职工作为集体福利。

(2)10月9日,购进一批货物,已取得增值税专用发票,发票注明货款100 000元,增值税为17 000元;向一般纳税人销售货物,不含税价款900 000元,已开具增值税专用发票。

(3)10月15日,购进一批货物,已取得增值税专用发票,注明货款120 000元,增值税为20 400元;向小规模纳税人销售货物,收到现金23 400元;柜台零售货物收到现金5 850元。

(4)10月29日,柜台零售货物收到现金93 600元;卖出1台空调给消费者个人,含税价格2 925元,并上门为顾客安装,收取安装费117元。

已知上述购销货物的增值税税率为17%,购进货物所取得的相关凭证均已经税务机关认证为合法、有效的凭证。

请你为该商场计算 10 月应缴纳的增值税税额。

【工作任务 2】 2014 年 1 月,翔宇计算机有限责任公司生产出新型计算机,每台不含税单价为 9 000 元。

(1)1 月 10 日,从美国进口 2 台计算机检测设备,取得海关开具的进口增值税专用缴款书,注明增值税额为 272 000 元人民币;向万家乐商场销售 100 台,商场在 10 天内付清全部货款,享受了 5% 的现金折扣。

(2)1 月 23 日,发给外省连锁店 100 台用于销售,并支付发货运费,取得运输企业自己开具的货物运输业增值税专用发票,注明金额 30 000 元,税率 11%,税额 3 300 元。

(3)1 月 25 日,采用以旧换新方式,从消费者个人手中收购旧型号计算机,销售新型号计算机 20 台,每台旧型号计算机折合不含税销售单价为 500 元。

(4)1 月 30 日,购进计算机零部件,取得增值税专用发票上注明的价款为 200 万元,增值税进项税额 340 000 元。

(5)1 月 31 日,为即将举行的残疾人运动会赠送 10 台计算机。

已知 1 月初允许抵扣的进项税余额为 81 000 元,请你替该计算机有限责任公司计算当月应缴纳的增值税税额。

【工作任务 3】 北京市东方红公司专门从事财务咨询服务,2012 年 9 月 1 日起实行营业税改增值税,被认定为增值税小规模纳税人。2014 年 2 月 11 日,向某一般纳税人企业提供财务咨询服务,取得含增值税销售额 20 600 万元;2 月 18 日,向某小规模纳税人提供税务咨询服务,取得含增值税销售额 5 150 元;2 月 25 日购进固定资产,支付价款 8 240 元,并取得增值税普通发票。已知其增值税征收率为 3%。计算东方红公司该月应纳的增值税税额。

【工作任务 4】 益民百货大楼 2014 年 3 月共发生以下几笔经济业务:

(1)购进一批货物,已取得增值税专用发票,注明货款 5 000 000 元,增值税 850 000 元,同时取得运输普通发票注明运费 20 000 元,保管费 1 000 元,装卸费 2 000 元。

(2)销售给一般纳税人货物 10 000 000 元,已开具增值税专用发票,注明增值税 1 700 000 元;向消费者个人销售货物收到价款 4 680 000 元,已开具了普通发票。

(3)1 月购进的货物用于职工集体福利,进价 30 000 元(不含增值税)。

(4)本月购进的货物部分被盗,损失进价 10 000 元的货物,此批货物售价为 12 000 元。

益民百货大楼月初留待抵扣增值税进项税余额为 34 000 元,购进货物所取得的相关凭证均已经税务机关认证为合法、有效的凭证,购销货物均适用 17% 的税率,请计算该百货大楼当期应缴纳的增值税税额。

【工作任务 5】 北京市诚信公司专门从事认证服务,按现行营业税政策规定,其认证服务不适用差额纳税的规定。2012 年 9 月 1 日开始实行营业税改增值税,被认定为增值税一般纳税人,2014 年 2 月发生如下业务:

(1)2 月 4 日,销售已使用 6 年的固定资产一台,售价为 4 992 元。

(2)2 月 9 日,购进一台经营用设备,取得防伪税控专用发票,注明金额 50 000 元,税额 8 500 元。

（3）2 月 15 日，取得某项认证服务收入，开具防伪税控专用发票，注明金额 30 万元，税额 1.8 万元。

（4）2 月 27 日，接受本市某单位会议展览服务，取得防伪税控专用发票，注明金额 8 万元，税额 0.48 万元。

已知：增值税税率为 6%，适用的征收率为 4%。计算该公司当月应纳的增值税税额。

【工作任务 6】 宇宙电视机厂 2013 年 11 月发生下列几笔购销业务：

（1）向华联商场销售彩电 500 台，每台不含税售价 4 800 元，货款已收到，已开出增值税专用发票。

（2）购入原材料，货款 1 000 000 元，取得增值税专用发票，注明的增值税额为 170 000 元，材料已验收入库。

（3）为建设办公楼，购入建筑材料，支付货款 500 000 元，已取得增值税专用发票，增值税额为 85 000 元。

该宇宙电视机厂 11 月应缴纳增值税税额为多少元？

【工作任务 7】 利华公司为生产企业，金利来公司为商业零售企业。两公司均为增值税一般纳税人。2014 年 1 月两公司之间发生了如下业务：

（1）利华公司销售给金利来公司一批货物，采用委托银行收款方式结算，货物已发出并办妥托收手续。开具的增值税专用发票上注明的销售额为 3 000 000 元，税金为 510 000 元。该货物委托运输部门负责运输，运输费为 5 000 元，按合同规定，该款项应由金利来公司支付，但由利华公司代垫运费，并开具了抬头为金利来公司的货票，利华公司已将货票交给金利来公司。

（2）利华公司当月购进一批生产用原材料，委托运输部门负责运输，已支付货款和运费，取得的增值税专用发票上注明的货物销售额为 1 000 000 元，税金为 170 000 元，发票已认证；同时取得运输部门开具的普通发票，发票上注明运费 8 000 元。

（3）利华公司从金利来公司购进一批货物，取得的专用发票上注明的销售额为 5 000 元，税金为 850 元，发票尚未认证。国庆节前将价值 4 000 元的货物发给职工使用。

已知增值税的税率为 17%，请你根据上述资料计算利华公司当期应缴纳的增值税税额。

【工作任务 8】 天威公司是一家有进出口经营权的生产企业，适用"免、抵、退税"办法，2014 年第一季度，内销货物的销售额为 8 200 000 元，出口货物的离岸价格为 1 500 000美元（1 美元＝6.2 元人民币），当期购进的各种货物中允许抵扣的进项税额为 3 200 000元。

已知该企业销售货物适用的增值税税率为 17%，适用的退税率为 13%，上期未抵扣完的进项税额为 230 000 元。购进货物所取得的相关凭证均已经税务机关认证为合法、有效的凭证，请你根据上述资料计算该企业第三季度应纳和应退的增值税税额。

【工作任务 9】 万达商场于 2013 年 7 月进口货物一批。该批货物在国外的买价为 400 000元。另外，该批货物运抵我国海关前发生的包装费、运输费、保险费等共计 200 000元。货物报关后，商场按规定缴纳了进口环节的增值税并取得了海关开具的完税凭证。假定 10 月份完税凭证已认证,该批进口货物在国内全部销售,取得不含增值税销售额 800 000 元。

货物进口关税税率为 15％,增值税税率为 17％。请计算该批货物进口环节、国内销售环节分别应缴纳的增值税税额。

【工作任务 10】 万利公司是一家工业企业,为增值税一般纳税人,2013 年 10 月发生了如下购销业务:

(1)购进生产原料一批,取得的增值税专用发票上注明的价款、税款分别为 230 000元、39 100 元。

(2)购进钢材 20 吨,已验收入库,取得的增值税专用发票上注明的价款、税款分别为800 000 元、13 600 元。

(3)直接向农民收购用于生产加工的农产品一批,经税务机关批准的收购凭证上注明的价款为 420 000 元。

(4)销售产品一批,货已发出并办妥银行托收手续,但货款未到,向买方开具的专用发票注明销售额 420 000 元。

(5)将本月外购的 20 吨钢材及库存的同价钢材 20 吨用于本企业修建产品仓库。

(6)期初留抵进项税额 5 000 元。

购进货物所取得的相关凭证均已经税务机关认证为合法、有效的凭证,请你计算该企业当期应纳增值税税额。

纳税申报实务

一、实训学时:4 学时

二、实训类型:项目实训

三、实训目的

增值税是以增值额为征税对象的一种流转税。增值税首创于法国,1954 年法国财政部官员莫里哀·劳莱改革原有的生产税,解决重复征税问题而使增值税获得成功。增值税是我国的主体税种之一,一直占据统治地位。为了控制税源、强化征收,在纳税申报环节将增值税专用发票的使用与对纳税人的控制管理合为一体,是申报技术难度较大的税种。

本项目实训可以使学生掌握各种经济业务中应税销售额和应纳增值税额的计算,掌握增值税的税款抵扣政策,熟悉增值税的税收优惠政策,掌握《增值税纳税申报表》及其附表的填写方法,熟悉相关报税资料的填写与使用。

四、能力目标

1.能辨别不同销售方式下增值税计税销售额。

2.掌握增值税的税款抵扣政策。

3.正确计算增值税销项税额和应纳税额。

4.能填制增值税纳税申报表及附表资料。

5.能编制增值税税收缴款书。

6.会办理增值税纳税申报工作。

7.独立获取财税信息能力。

五、实训操作流程

经济业务——→计算增值税税额——→填制增值税纳税申报表附表——→填制增值税纳税申报表——→办理税款缴纳

六、实训内容

1.根据实训资料【2-1】,填写《增值税一般纳税人纳税申报表》及附表。

2.根据实训资料【2-2】,填写《增值税小规模纳税人纳税申报表》。

七、实训资料

【2-1】　山香制药有限责任公司为增值税一般纳税人,注册地、经营地址为华山市华荫路88号,开户银行为中国工商银行华荫路支行,银行账号为500599992003200266,纳税人识别号为44200707128820080808,法定代表马建国,财务负责人许海峰,办税员王艳丽,联系电话47656588。2014年5月发生下列购销业务:

(1)5月1日,购进原料药一批,货款1 000 000元,增值税170 000元,已取得增值税专用发票。同时取得运输普通发票注明运费50 000元。

(2)5月3日,车间领用上月购进的原料药100 000元,用于免税药品的生产。

(3)5月12日,进口药品检验设备一台,已取得海关进口增值税专用缴款书,缴款书注明增值税税额120 000元。

(4)5月19日,向一纸制品厂订制药品包装箱,药厂已预付货款并取得增值税专用发票注明销售额80 000元,包装箱下月交付。

(5)5月23日,外购货物一批用于对联营企业投资,取得增值税专用发票注明销售额1 000 000元。

(6)5月24日,采取分期收款方式,销售900 000元的药品给一药品批发企业,已取得首期货款300 000元,开具的增值税专用发票注明销售额900 000元。

(7)5月26日,销售给外省某药品经销商一批药品,货已发出并办妥托收手续,开具的增值税专用发票注明销售额600 000元,但发货后即获悉对方短期内无力支付货款。

(8)5月28日,无偿提供市场价格80 000元的药品给某医院试用。

(9)5月29日,折扣销售给某特约经销商一批药品,由于该经销商是药厂长期客户,因此给予了5%的折扣,开具的增值税专用发票注明销售额2 000 000元,折扣5%,经销商当月即付清全部货款。

(10)5月31日,将已逾期1年的包装物押金50 000元冲销本厂库存包装物成本。

购进货物所取得的相关凭证均已经税务机关认证为合法、有效的凭证。

根据上述资料计算山香制药有限责任公司5月应缴纳增值税税额,并填报《增值税纳税申报表》及其附表,山香制药有限责任公司上月增值税留抵税额为零。

【2-2】　宏发机械厂为增值税小规模纳税人,开户银行为中国工商银行红军街支行,银行账号为100199992003200211,纳税人识别号为33200707126620080808,法定代表赵

海峰,财务负责人李胜利,办税员王海燕,联系电话81385858。2013年4月发生如下经济业务:

(1)4月7日,购入原材料一批,货款20 000元,增值税额3 400元,共付款项23 400元。

(2)4月15日,销售A产品取得收入60 000元,并收取包装费600元,开具了普通发票。

(3)4月23日,对外提供修理劳务,取得收入7 000元。

(4)4月29日,销售给一般纳税人仪器两台,取得不含税销售额12 000元、增值税税款360元,已由税务所代开了增值税专用发票。

请你根据以上资料,计算宏发机械厂4月份增值税应纳税额,填写《增值税纳税申报表(小规模纳税人适用)》。

任务1 增值税一般纳税人纳税申报

任务描述

1.根据实训资料【2-1】,确定增值税的税目、税率。
2.正确计算山香制药有限责任公司增值税销项税额,确定可抵扣的进项税额。
3.正确计算山香制药有限责任公司增值税应纳税额。
4.独立到国税局网站下载增值税纳税申报表及附表。
5.正确填制增值税纳税申报表主表及附表。

任务资料

1.山香制药有限责任公司基本情况。(见实训资料【2-1】)
2.相关表格:增值税纳税申报表及附表(见表2-1、表2-2及附表1~附表4)。

理论指导

根据《中华人民共和国税收征收管理法》及其实施细则、《中华人民共和国增值税暂行条例》和《中华人民共和国发票管理办法》的有关规定,制定增值税一般纳税人纳税申报办法。

一、凡增值税一般纳税人(以下简称纳税人)均按本办法进行纳税申报。

二、纳税人进行纳税申报必须实行电子信息采集。使用防伪税控系统开具增值税专用发票的纳税人,必须在抄报税成功后方可进行纳税申报。

三、纳税申报资料

(一)必报资料

1.《增值税纳税申报表(适用于增值税一般纳税人)》及其《增值税纳税申报表附列资料(表一)、(表二)、(表三)、(表四)》;

2.使用防伪税控系统的纳税人,必须报送记录当期纳税信息的 IC 卡(明细数据备份在软盘上的纳税人,还须报送备份数据软盘)、《增值税专用发票存根联明细表》及《增值税专用发票抵扣联明细表》;

3.《资产负债表》和《损益表》;

4.《成品油购销存情况明细表》(发生成品油零售业务的纳税人填报);

5.主管税务机关规定的其他必报资料。

纳税申报实行电子信息采集的纳税人,除向主管税务机关报送上述必报资料的电子数据外,还需报送纸介的《增值税纳税申报表(适用于一般纳税人)》(主表及附表)。

(二)备查资料

1.已开具的增值税专用发票和普通发票存根联;

2.符合抵扣条件并且在本期申报抵扣的增值税专用发票抵扣联;

3.海关进口货物完税凭证、运输发票、购进农产品普通发票及购进废旧物资普通发票的复印件;

4.收购凭证的存根联或报查联;

5.代扣代缴税款凭证存根联;

6.主管税务机关规定的其他备查资料。

备查资料是否需要在当期报送,由各省级国家税务局确定。

四、增值税纳税申报资料的管理

(一)增值税纳税申报必报资料

纳税人在纳税申报期内,应及时将全部必报资料的电子数据报送主管税务机关,并在主管税务机关按照税法规定确定的期限内(具体时间由各省级国家税务局确定),将本办法第三条第一款要求报送的纸质的必报资料(具体份数由省一级国家税务局确定)报送主管税务机关,税务机关签收后,一份退还纳税人,其余留存。

(二)增值税纳税申报备查资料

纳税人在月度终了后,应将备查资料认真整理并装订成册。

1.属于整本开具的手工版增值税专用发票及普通发票的存根联,按原顺序装订;开具的电脑版增值税专用发票,包括防伪税控系统开具的增值税专用发票的存根联,应按开票顺序号码每 25 份装订一册,不足 25 份的按实际开具份数装订。

2.对属于扣税凭证的单证,根据取得的时间顺序,按单证种类每 25 份装订一册,不足 25 份的按实际份数装订。

3.装订时,必须使用税务机关统一规定的《征税/扣税单证汇总簿封面》(以下简称《封面》),并按规定填写封面内容,由办税人员和财务人员审核签章。启用《封面》后,纳税人可不再填写原增值税专用发票的封面内容。

4.纳税人当月未使用完的手工版增值税专用发票,暂不加装《封面》,两个月仍未使用完的,应在主管税务机关对其剩余部分剪角作废的发票当月加装《封面》。

纳税人开具的普通发票及收购凭证在其整本使用完毕的当月加装《封面》。

5.《封面》的内容包括纳税人单位名称、本册单证份数、金额、税额、本月此种单证总册数及本册单证编号、税款所属时间等,具体格式由各省一级国家税务局制定。

五、《增值税纳税申报表(适用于增值税一般纳税人)》(主表及附表)由纳税人向主管税务机关购领。

六、申报期限

纳税人应按月进行纳税申报,申报期为次月 1 日起至 15 日止,遇最后一日为法定节假日的,顺延 1 日;在每月 1 日至 15 日内有连续 3 日以上法定休假日的,按休假日天数顺延。

七、罚则

(一)纳税人未按规定期限办理纳税申报和报送纳税资料的,按照《中华人民共和国税收征收管理法》第六十二条的有关规定处罚。

(二)纳税人经税务机关通知申报而拒不申报或者进行虚假的纳税申报,不缴或者少缴应纳税款的,按偷税处理,并按《中华人民共和国税收征收管理法》第六十三条的有关规定处罚。

(三)纳税人不进行纳税申报,不缴或者少缴应纳税款的,按《中华人民共和国税收征收管理法》第六十四条的有关规定处罚。

任务2　小规模纳税人纳税申报

任务描述

1.根据实训资料【2-2】,确定增值税的税目、税率。

2.正确计算宏发机械厂增值税应纳税额。

3.正确填制小规模纳税人增值税纳税申报表。

任务资料

1.宏发机械厂基本情况。(见实训资料【2-2】)

2.相关表格:小规模纳税人增值税纳税申报表(见表 2-2)。

增值税纳税申报表表单样式

表 2-1　　　　　　　　　增值税纳税申报表(适用于一般纳税人)

根据《中华人民共和国增值税暂行条例》和《交通运输业和部分现代服务业营业税改征增值税试点实施办法》的规定制定本表。纳税人不论有无销售额,均应按主管税务机关核定的纳税期限按期填报本表,并向当地税务机关申报。

税款所属期:　　　　　　填表日期:　　　　　　金额单位:元

纳税人识别号	9 9 7 7 9 6 1 3 7 8 4 7 3 5 5		所属行业:			
纳税人名称	宏发股份有限公司(公章)	法定代表人姓名	李峰	注册地址		营业地址	
开户银行及帐号		企业登记注册类型	工业企业	电话号码	

项　目	栏次	一般货物及劳务和应税服务		即征即退货物及劳务和应税服务	
		本月数	本年累计	本月数	本年累计
销售额 (一)按适用税率征税货物及劳务销售额	1				
其中:应税货物销售额	2				
应税劳务销售额	3				
纳税检查调整的销售额	4				
(二)按简易征收办法征税货物销售额	5				
其中:纳税检查调整的销售额	6				
(三)免、抵、退办法出口货物销售额	7				
(四)免税销售额	8				
其中:免税货物销售额	9				
免税劳务销售额	10				
税款计算 销项税额	11				
进项税额	12				
上期留抵税额	13				
进项税额转出	14				
免抵退货物应退税额	15				
按适用税率计算的纳税检查应补缴税额	16				
应抵扣税额合计	17＝12＋13－14－15＋16				
实际抵扣税额	18(如 17＜11,则为17,否则为 11)				
应纳税额	19＝11－18				
期末留抵税额	20＝17－18				
简易征收办法计算的应纳税额	21				
按简易征收办法计算的纳税检查应补缴税额	22				
应纳税额减征额	23				
应纳税额合计	24＝19＋21－23				

（续表）

税款缴纳	期初未缴税额(多缴为负数)	25			
	实收出口开具专用缴款书退税额	26			
	本期已缴税额	27＝28＋29＋30＋31			
	①分次预缴税额	28			
	②出口开具专用缴款书预缴税额	29			
	③本期缴纳上期应纳税额	30			
	④本期缴纳欠缴税额	31			
	期末未缴税额(多缴为负数)	32＝24＋25＋26－27			
	其中:欠缴税额(≥0)	33＝25＋26－27			
	本期应补(退)税额	34＝24－28－29			
	即征即退实际退税额	35			
	期初未缴查补税额	36			
	本期入库查补税额	37			
	期末未缴查补税额	38＝16＋22＋36－37			

授权声明：

　　如果你已委托代理人申报,请填写下列资料：

　　为代理一切税务事宜,现授权＿＿＿＿＿(地址)＿＿＿＿＿为本纳税人的代理申报人,任何与本申报表有关的往来文件,都可寄予此人。

授权人签字：

申报人声明：

　　此纳税申报表是根据《中华人民共和国增值税暂行条例》的规定填报的,我相信它是真实的、可靠的、完整的。

声明人签字：

会计主管签字：　　　　　代理申报人签字：　　　　　纳税人盖章：

以下由税务机关填写：

收到日期：　　　　　接收人：　　　　　主管税务机关盖章：

附表1

增值税纳税申报表附列资料（表一）

（本期销售情况明细）

纳税人名称：（公章）

税款所属时间：　年　月　日

填表日期：　年　月　日　　　　　　　　　　金额单位：元（至角分）

一、按适用税率征收增值税货物及劳务的销售额和销项税额明细

项目	栏次	应税货物 17%税率			应税货物 13%税率			应税劳务			小计		
		份数	销售额	销项税额	份数	销售额	销项税额	份数	销售额	销项税额	份数	销售额	销项税额
防伪税控系统开具的增值税专用发票	1												
非防伪税控系统开具的增值税专用发票	2												
开具普通发票	3												
未开具发票	4	—			—			—			—		
小计	5＝1＋2＋3＋4	—			—			—			—		
纳税检查调整	6	—			—			—			—		
合计	7＝5＋6	—			—			—			—		

二、简易征收办法征收增值税货物的销售额和应纳税额明细

项目	栏次	6%征收率			4%征收率			小计		
		份数	销售额	应纳税额	份数	销售额	应纳税额	份数	销售额	应纳税额
防伪税控系统开具的增值税专用发票	8									
非防伪税控系统开具的增值税专用发票	9									
开具普通发票	10									
未开具发票	11	—			—			—		
小计	12＝8＋9＋10＋11	—			—			—		
纳税检查调整	13	—			—			—		
合计	14＝12＋13	—			—			—		

（续表）

三、免征增值税货物及劳务销售额明细

项目	栏次	免税货物			免税劳务			小计		
		份数	销售额	税额	份数	销售额	税额	份数	销售额	税额
防伪税控系统开具的增值税专用发票	15									
开具普通发票	16	—	—	—	—	—	—	—	—	—
未开具发票	17	—	—	—	—	—	—	—	—	—
合计	18＝15＋16＋17	—								

附表 2

增值税纳税申报表附列资料（表二）

（本期进项税额明细）

税款所属时间：　　年　　月　　日

填表日期：　　年　　月　　日

纳税人名称：（公章）　　　　　　　　　　　　　　　金额单位：元（至角分）

一、申报抵扣的进项税额

项目	栏次	份数	金额	税额
（一）认证相符的防伪税控增值税专用发票	1			
其中：本期认证相符且本期申报抵扣	2			
前期认证相符且本期申报抵扣	3			
（二）非防伪税控增值税专用发票及其他扣税凭证	4			
其中：17%税率	5			
13%税率或扣除率	6			
10%扣除率	7			
7%扣除率	8			
6%征收率	9			
4%征收率	10			
（三）期初已征税款	11	—	—	
当期申报抵扣进项税额合计	12			

二、进项税额转出额

项目	栏次	税额
本期进项税额转出额	13	
其中：免税货物用	14	
非应税项目用	15	
非正常损失	16	
按简易办法征收货物用	17	
免抵退税办法出口货物不得抵扣进项税额	18	
纳税检查调减进项税额	19	
未经认证已抵扣的进项税额	20	
	21	

(续表)

三、待抵扣进项税额

项目	栏次	份数	金额	税额
(一)认证相符的防伪税控增值税专用发票	22	—	—	—
期初已认证相符但未申报抵扣	23			
本期认证相符且本期未申报抵扣	24			
期末已认证相符但未申报抵扣	25			
其中:按照税法规定不允许抵扣	26			
(二)非防伪税控增值税专用发票及其他扣税凭证	27			
其中:17%税率	28			
13%税率及扣除率	29			
10%扣除率	30			
7%扣除率	31			
6%征收率	32			
4%征收率	33			
	34			

四、其他

项目	栏次	份数	金额	税额
本期认证相符的全部防伪税控增值税专用发票	35	—	—	—
期初已征税款挂账额	36	—	—	
期初已征税款余额	37	—	—	
代扣代缴税额	38	—		

附表 3

增值税纳税申报表附列资料(表三)

(防伪税控增值税专用发票申报抵扣明细)

纳税人识别号:

纳税人名称:(公章)

填表日期: 年 月 日　申报抵扣所属期: 年 月 日　金额单位: 元(至角分)

类别	序号	发票代码	发票号码	开票日期	金额	税额	销货方纳税人识别号	认证日期	备注
本期认证相符且本期申报抵扣									
小计		—	—	—			—	—	—
前期认证相符且本期申报抵扣									
小计		—	—	—			—	—	—
合计		—	—				—	—	—

注:本表"金额""税额""合计"栏数据应与《附列资料(表二)》第1栏中"金额"项数据相等;

本表"税额""合计"栏数据应与《附列资料(表二)》第1栏中"税额"项数据相等。

附表4

增值税纳税申报表附列资料(表四)
(防伪税控增值税专用发票存根联明细)

纳税人识别号:

纳税人名称:(公章)

申报抵扣所属期: 年 月

填表日期: 年 月 日

金额单位:元(至角分)

序号	发票代码	发票号码	开票日期	购货方纳税人识别号	金额	税额	作废标志
合计	—	—	—	—			—

注:本表"金额""合计"栏数据应等于《附列资料(表一)》第1、8、15栏"小计""销售额"项数据之和;

本表"税额""合计"栏数据应等于《附列资料(表一)》第1栏"小计""销项税额"、第8栏"小计""应纳税额"、第15栏"小计""应纳税额"项数据之和。

表 2-2 　　　　　　　　　增值税纳税申报表(适用于小规模纳税人)

纳税人识别号：□□□□□□□□□□□□□□□□

纳税人名称(公章)：　　　　　　　　　　　　　　　　金额单位：元(列至角分)

税款所属期：　年　月　日至　年　月　日　　　　　填表日期：　年　月　日

	项　目	栏次	本期数	本年累计
一、计税依据	(一)应征增值税货物及劳务不含税销售额	1		
	其中：税务机关代开的增值税专用发票不含税销售额	2		
	税控器具开具的普通发票不含税销售额	3		
	(二)销售使用过的应税固定资产不含税销售额	4	—	
	其中：税控器具开具的普通发票不含税销售额	5	—	
	(三)免税货物及劳务销售额	6		
	其中：税控器具开具的普通发票销售额	7		
	(四)出口免税货物销售额	8		
	其中：税控器具开具的普通发票销售额	9		
二、税款计算	本期应纳税额	10		
	本期应纳税额减征额	11		
	应纳税额合计	12＝10－11		
	本期预缴税额	13		—
	本期应补(退)税额	14＝12－13		—

纳税人或代理人声明： 　此纳税申报表是根据国家税收法律的规定填报的，我确定它是真实的、可靠的、完整的。	如纳税人填报，由纳税人填写以下各栏：
	办税人员(签章)：　　　　　　财务负责人(签章)：
	法定代表人(签章)：　　　　　联系电话：
	如委托代理人填报，由代理人填写以下各栏：
	代理人名称：　　　　经办人(签章)：　　　　联系电话：
	代理人(公章)：

受理人：　　　　　　受理日期：　年　月　日　　　　　受理税务机关(签章)：

本表为 A3 竖式一式三份，一份纳税人留存，一份主管税务机关留存，一份征收部门留存。

填表说明：

一、申报表适用于增值税小规模纳税人(以下简称"纳税人")填报。

纳税人销售使用过的固定资产、销售免税货物或提供免税劳务的，也使用本表。

二、具体项目填写说明：

1.本表"税款所属期"是指纳税人申报的增值税应纳税额的所属时间，应填写具体的起止年、月、日。

2.本表"纳税人识别号"栏，填写税务机关为纳税人确定的识别号，即税务登记证号码。

3.本表"纳税人名称"栏，填写纳税人单位名称全称，不得填写简称。

4.本表第 1 项"应征增值税货物及劳务不含税销售额"栏数据，填写应征增值税货物及劳务的不含税销售额，不包含销售使用过的固定资产应征增值税的不含税销售额、免税货物及劳务销售额、出口免税货物销售额、稽查查补销售额。

5.本表第 2 项"税务机关代开的增值税专用发票不含税销售额"栏数据,填写税务机关代开的增值税专用发票的销售额合计。

6.本表第 3 项"税控器具开具的普通发票不含税销售额"栏数据,填写税控器具开具的应征增值税货物及劳务的普通发票金额换算的不含税销售额。

7.本表第 4 项"销售使用过的应税固定资产不含税销售额"栏数据,填写销售使用过的、固定资产目录中所列的、售价超过原值的应按照 4% 征收率减半征收增值税的应税固定资产的不含税销售额。

8.本表第 5 项"税控器具开具的普通发票不含税销售额"栏数据,填写税控器具开具的销售使用过的应税固定资产的普通发票金额换算的不含税销售额。

9.本表第 6 项"免税货物及劳务销售额"栏数据,填写销售免征增值税货物及劳务的销售额,包括销售使用过的、固定资产目录中所列的、售价未超过原值的固定资产的销售额。

10.本表第 7 项"税控器具开具的普通发票销售额"栏数据,填写税控器具开具的销售免征增值税货物及劳务的普通发票金额。

11.本表第 8 项"出口免税货物销售额"栏数据,填写出口免税货物的销售额。

12.本表第 9 项"税控器具开具的普通发票销售额"栏数据,填写税控器具开具的出口免税货物的普通发票金额。

13.本表第 10 项"本期应纳税额"栏数据,填写本期按征收率计算缴纳的应纳税额。

14.本表第 11 项"本期应纳税额减征额"栏数据,是根据相关的增值税优惠政策计算的应纳税额减征额来填写的。

15.本表第 13 项"本期预缴税额"栏数据,填写纳税人本期预缴的增值税额,但不包括稽查补缴的应纳增值税额。

项目三

消费税纳税实务

知识目标

1. 掌握消费税的税目、税率;
2. 熟悉消费税纳税环节;
3. 理解消费税的纳税义务人概念;
4. 消费税计税依据与应纳税额的计算;
5. 熟悉消费税出口退(免)税政策;
6. 掌握纳税义务发生时间。

能力目标

1. 能区分消费税的税目与税率;
2. 能辨别增值税与消费税的计税依据和纳税环节;
3. 根据经济业务计算消费税应纳税额;
4. 能正确计算消费税出口退(免)税税额;
5. 能填制消费税纳税申报表及附表;
6. 能编制消费税税款缴纳书;
7. 会办理消费税税款缴纳工作;
8. 独立获取财税信息的能力。

知识小结

1. 关键术语

消费税、应税消费品、计税价格、计税数量、混合计算方法、自产自用应纳税额的计算、委托加工应纳税额的计算、消费税已纳税额的扣除、兼营行为、进口应税消费品、消费税的出口退(免)税。

2. 本章重点、难点

本章重点:消费税的税目税率、应纳税额的计算方法、基本制度与实务操作。

本章难点:消费税中自产自用、委托加工应税消费品应纳税额的计算。

能力训练

一、单项选择题

1.下列应税消费品应纳消费税的有(   )。

A.委托加工的应税消费品,受托方已代收代缴消费税,委托方收回后直接用于销售的

B.自产自用的应税消费品,用于连续生产应税消费品的

C.委托加工的应税消费品,受托方已代收代缴消费税,委托方收回后用于连续生产应税消费的

D.自产自用消费品,用于在建工程的

2.消费税纳税人销售应税消费品,其纳税义务的发生时间为(   )。

A.采取预收货款结算方式的,为收到货款的当天

B.采取托收承付结算方式的,为办妥托收手续的当天

C.采取赊销方式的,为双方约定的任一时间

D.采取分期收款结算方式的,为书面合同规定的收款日期的当天

3.采用从量定额办法计算缴纳消费税的应税消费品是(   )。

A.酒精   B.汽车轮胎   C.汽油   D.白酒

4.纳税人用外购应税消费品连续生产应税消费品,在计算纳税时,其外购应税消费品的已纳消费税税款应按(   )办法处理。

A.该已纳税款当期可全部扣除

B.该已纳税款当期不得扣除

C.可对外购应税消费品当期领用部分的已纳税款予以扣除

D.该已纳税款当期可扣除50%

5.纳税义务人采用托收承付和委托银行收款方式销售应税消费品,其纳税义务发生的时间为(   )。

A.发出商品的当天   B.书面合同约定的收款日期

C.收到货款的当天   D.发出商品并办妥托收手续的当天

6.关于委托加工应税消费品,下列表述正确的是(   )。

A.由委托方提供原材料,受托方收取加工费加工的应税消费品

B.由受托方提供原材料、收取加工费加工的应税消费品

C.由受托方以委托方的名义购进原材料加工的应税消费品

D.由受托方先将原材料卖给委托方,再为其加工的应税消费品

7.进口应税消费品实行从价定率办法计算应纳消费税,按照(   )计算纳税。

A.关税完税价格   B.关税完税价+增值税

C.关税完税价+消费税   D.组成计税价格

8.下列轮胎中,(   )是征收消费税的。

A.农用拖拉机   B.收割机

C.子午线轮胎 D.汽车轮胎

9.下列各项中,与我国现行出口应税消费品的消费税退免政策不相符的是( )。

　　A.免税但不退税 B.不免税也不退税

　　C.不免税但退税 D.免税并退税

10.风帆汽车轮胎厂为增值税一般纳税人,下设一非独立核算的门市部,2013年8月该厂将生产的一批汽车轮胎交至门市部,计价1 000 000元。门市部将其零售,取得含税销售额1 345 500元。汽车轮胎的消费税税率为3%,则该项业务应缴纳的消费税税额为( )元。

　　A.30 000 B.40 365 C.34 500 D.30 927.84

11.我国现行的《中华人民共和国消费税暂行条例》是从( )起开始实行的。

　　A.2008年1月1日 B.2009年1月1日

　　C.1994年1月1日 D.2007年1月1日

12.玖尔美化妆品公司将一批自产化妆品作为促销礼品随产品出售,该批化妆品的生产成本为7 000元,无同类产品售价,则其应缴纳的消费税税额为( )元。(此化妆品消费税成本利润率为5%,消费税税率为30%)

　　A.2 205 B.3 000 C.3 150 D.2 100

13.对于从价征收消费税的应税消费品,需要确定组成计税价格时,下列公式错误的是( )。

　　A.生产销售环节组成计税价格＝成本×(1＋成本利润率)/(1－消费税税率)

　　B.进口环节组成计税价格＝(关税完税价格＋关税)/(1＋消费税税率)

　　C.进口环节组成计税价格＝关税完税价格＋关税＋消费税

　　D.委托加工环节组成计税价格＝(材料成本＋加工费)/(1－消费税税率)

14.关于消费税纳税义务发生时间说法正确的是( )。

　　A.采用预收货款结算方式的,为收到货款的当天

　　B.采用赊销方式的,为收到货款当天

　　C.采取其他结算方式销售的,为收讫销货款或取得销货款凭据的当天

　　D.采用分期收款结算方式的,为收到货款的当天

15.纳税人用于换取生产资料、生活资料、投资入股和抵偿债务的应税消费品,其消费税的处理是( )。

　　A.不征消费税

　　B.按同类商品最近时期平均售价计征消费税

　　C.按市场价格计征消费税

　　D.按同类商品最高售价计征消费税

16.外贸企业从工厂购进应税消费品直接出口的,如果该应税消费品是属于从价定率征收消费税的,其退税的公式为( )。

　　A.应退消费税税款＝出口应税消费品的关税完税价格 × 消费税税率

　　B.应退消费税税款＝出口应税消费品的离岸价 × 消费税税率

　　C.应退消费税税款＝出口应税消费品的工厂销售额 × 消费税税率

D. 应退消费税税款＝出口应税消费品的实际收入额 × 消费税税率

17. 进口的应税消费品,自海关填发进口增值税专用缴款书( )。

A. 次日起 7 日内　　　　　　　　　B. 之日起 7 日内

C. 次日起 15 日内　　　　　　　　　D. 之日起 15 日内

18. 下列应税消费税属于复合计税的是( )。

A. 葡萄酒　　　B. 白酒　　　C. 啤酒　　　D. 黄酒

19. 进口的应税消费品,由进口人或其代理人向( )海关申报纳税。

A. 企业所在地　　　　　　　　　B. 企业核算地

C. 货物入境地　　　　　　　　　D. 报关地

20. 蓝天卷烟厂生产的下列( )产品适用的消费税从价税率为 56%。

A. 雪茄烟　　　B. 乙类卷烟　　　C. 甲类卷烟　　　D. 烟丝

二、多项选择题

1. 纳税人自产自用的应税消费品用于( )等方面视同销售的,在移送使用时缴纳消费税。

A. 职工福利　　　　　　　　　B. 管理部门

C. 馈赠　　　　　　　　　D. 生产非应税消费品

2. 下列货物适用于定额税率征收消费税的有( )。

A. 酒精　　　B. 黄酒　　　C. 汽油　　　D. 柴油

3. 消费税采用下列( )计算方法。

A. 从价税　　　　　　　　　B. 从量定额

C. 从价定率与从量定额复合计税　　　　　D. 从价定率

4. 应税消费品视同销售情况下,其组成计税价格的计算公式为( )。

A. 组成计税价格＝成本×(1＋成本利润率)/(1－消费税税率)

B. 组成计税价格＝(成本＋利润)×(1－消费税税率)

C. 组成计税价格＝(成本＋利润)/(1＋消费税税率)

D. 组成计税价格＝(成本＋利润＋消费税定额税)/(1－消费税税率)

5. 下列不属于委托加工应税消费品的有( )。

A. 委托方购买原材料,并要求受托方加工的应税消费品

B. 委托方提供原材料,受托方代垫辅助材料加工的应税消费品

C. 受托方以委托方名义购进原材料加工的应税消费品

D. 受托方提供原材料,并加工的应税消费品

6. 从价定率计征消费税的应税消费品,出口应退消费税税额等于( )。

A. 出口货物离岸价格×退税率

B. 购进应税消费品支付的全部款项×退税率

C. 出口货物工厂销售额×退税率

D. 出口货物工厂销售额×消费税税率

7. 下列( )行为,应对其征收消费税。

A. 生产企业销售卷烟　　　　　　　B. 批发企业销售卷烟

C.商业企业销售白酒　　　　　　　D.商业企业销售化妆品

8.下列关于增值税和消费税的说法正确的有(　　)。

A.凡是征收消费税的货物一定征收增值税

B.凡是征收增值税的货物一定征收消费税

C.应税消费品征收增值税的,其税基含有消费税

D.应税消费品征收消费税的,其税基含有增值税

9.生产应税消费品的企业,在下列情况中应当征收消费税的是(　　)。

A.将应税消费品用于管理部门　　　B.将应税消费品发给职工使用

C.用于广告的化妆品　　　　　　　D.作为展销品的化妆品

10.下列(　　)应税消费品已纳的消费税按照规定准予扣除。

A.外购已税酒精生产的白酒　　　　B.外购已税摩托车零件生产的摩托车

C.外购已税化妆品生产的化妆品　　D.外购已税烟丝生产的卷烟

11.纳税人销售应税消费品,以外汇结算销售额的,可以选择的外汇牌价有(　　)。

A.结算当天的外汇中间价　　　　　B.经税务机关核准的外汇中间价

C.上次申报纳税时的外汇中间价　　D.当月1日的外汇中间价

12.下列各项中,符合消费税纳税地点规定的有(　　)。

A.委托加工的应税消费品(受托方为非个体户),由受托方向机构所在地或者居住地的主管税务机关解缴税款。

B.进口的应税消费品,由进口人或其代理人向报关地海关申报缴纳。

C.纳税人的总机构与分支机构不在同一县(市)的,应当分别向各自机构所在地的主管税务机关申报纳税。

D.纳税人到外县(市)销售或者委托外县(市)代销自产应税消费品的,于应税消费品销售后,向机构所在地或者居住地主管税务机关申报纳税。

13.下列各项中,符合我国现行出口应税消费品的消费税退免政策的是(　　)。

A.免税但不退税　　　　　　　　　B.不免税也不退税

C.不免税但退税　　　　　　　　　D.免税并退税

14.下列应税消费品中,采用复合计税方法计算消费税的有(　　)。

A.其他酒　　　　B.卷烟　　　　C.粮食白酒　　　　D.酒精

15.雅美是一家化妆品公司,2013年10月将一批自产化妆品作为福利发放给职工,其成本为10万元,消费税税率为30%,此消费品成本利润率为5%,则其组成计税价格为(　　)。

A.消费税组成计税价格为15万元　　B.消费税组成计税价格为10.5万元

C.增值税组成计税价格为15万元　　D.增值税组成计税价格为10.5万元

16.纳税人用于(　　)的应税消费品,应以其同类应税消费品的最高销售价格为依据计算消费税。

A.投资入股　　　　　　　　　　　B.抵偿债务

C.换取生产资料　　　　　　　　　D.换取消费资料

17.下列项目中,符合消费税纳税义务发生时间规定的有(   )。

A.纳税人自产自用应税消费品的,为应税消费品移送使用的当天

B.预收货款方式销售应税消费品的,为发出应税消费品的当天

C.纳税人委托加工应税消费品的,为纳税人提货的当天

D.纳税人进口应税消费品的,为报关进口的当天

18.关于应税消费品销售额的确定,下列表述正确的有(   )。

A.应税消费品的销售额包括向购买方收取的增值税款

B.随同应税消费品出售的包装物,无论是否单独计价,也无论会计上如何核算,均应并入销售额中征收消费税

C.随同应税消费品出售的包装物,其适用的消费税税率和应税消费品的消费税税率相同

D.自产自用的应税消费品,按照本企业同类产品的销售价格确定销售额

19.可以退(免)消费税的出口货物应具备的条件有(   )。

A.属于消费税的征税范围   B.报关离境

C.财务上作销售处理   D.收汇并核销

20.下列消费品既征消费税又征增值税的有(   )。

A.卷烟的生产和批发环节   B.白酒的生产和零售环节

C.金银饰品的零售环节   D.化妆品的生产环节

三、判断题

1.对饮食业、商业、娱乐业开设啤酒屋(啤酒坊)利用啤酒生产设备生产的啤酒,不应当征收消费税。   (   )

2.在应税消费品中,除啤酒、黄酒、成品油三类产品实行从量定额计税办法外,其他产品都实行从价定率计税办法。   (   )

3.兼营不同税目、税率的应税消费品出口的,应分别核算销售额或销售数量,未分别核算的,从低适用征税率,从高适用退税率。   (   )

4.消费税的价外费用包括向购买方收取的滞纳金、延期付款利息、赔偿金。 (   )

5.现行消费税对金银首饰、钻石及钻石饰品已经改在零售环节征税,在卷烟商业批发环节加征一道从价税,税率为5%。   (   )

6.对酒类产品生产企业销售酒类产品而收取的包装物押金,无论押金是否返还,也不论在会计上如何核算,均需并入酒类产品销售额征收消费税。   (   )

7.纳税人兼营不同税率的应税消费品,应当分别核算销售额、销售数量。未分别核算或者将其组成套装消费品销售的,从高适用税率。   (   )

8.用于换取生产资料的卷烟,应按同类商品的平均售价作为计税依据计算征收消费税。   (   )

9.外购的已税消费品,用于继续生产应税消费品销售的,在计征消费税时,生产耗用的外购应税消费品的已纳消费税税额准予扣除。酒类产品、小汽车、高档手表和游艇已纳的消费税税额不允许扣除。   (   )

10. 缴纳增值税的货物并不都缴纳消费税,而缴纳消费税的货物一定要缴纳增值税。
（　　）

11. 纳税人除委托个体经营者加工应税消费品一律于委托方收回后在委托方机构所在地或者居住地缴纳消费税外,其余的委托加工应税消费品均由受托方在向委托方交货时代收代缴消费税。
（　　）

12. 出口应税消费品的消费税退税率为该应税消费品的消费税征税率。（　　）

13. 增值税是价外税,消费税是价内税。（　　）

14. 进口应税消费品,应自海关填发海关进口消费税专用缴款书之日起 7 日内缴纳税款。
（　　）

15. 提供粮食加工白酒,收回后继续加工成药酒出售时,可扣除提货时代收代缴的消费税。
（　　）

16. 外购和委托加工收回的应税消费品允许扣除从工业企业、商业企业购进应税消费品和进口应税消费品已缴纳的消费税税额。
（　　）

17. 委托加工组成计税价格公式中的"加工费",是指受托方加工应税消费品向委托方收取的全部费用,含代垫辅料的成本,但不含增值税。
（　　）

18. 一般纳税人销售应缴纳消费税的应税消费品,其增值税税率一定是17%。（　　）

19. 用于抵偿债务的乘用车,应按同类商品的平均销售价格作为计税依据计算征收消费税。
（　　）

20. 对因逾期未收回的包装物不再退还的或者已收取的时间超过 12 个月的押金,应并入应税消费品的销售额,按照应税消费品的适用税率缴纳消费税。
（　　）

任务驱动

【工作任务 1】 顺达公司是一家石油化工厂,2013 年 8 月,销售无铅汽油 20 吨,柴油 16 吨,提供给本厂基建部门车辆使用的无铅汽油 1 吨,提供给本厂后勤车队使用的无铅汽油 0.5 吨,将 10 吨含铅汽油进行提炼生产高品质汽油。

请你为该厂计算本月应缴纳的消费税税额。

【工作任务 2】 福星酒厂用从农民手中购买的谷物委托杏花村酒精厂加工粮食酒精。2013 年 9 月购进谷物 80 吨,并委托酒精厂加工粮食酒精,月底收回酒精 20 吨。委托方提供的每吨谷物的购进金额为 8 000 元,每吨酒精支付加工费为 210 元。本月销售用委托加工的粮食酒精生产的粮食白酒 20 吨,每吨销售额 12 000 元。以上价格均为不含增值税价格,酒精的消费税税率为 5%,粮食白酒的消费税税率为 20%,每斤定额税为 0.5 元。

购进货物所取得的相关凭证均已经税务机关认证为合法、有效的凭证,请你根据上述资料为福星酒厂计算本月应缴纳的消费税税额和增值税税额。

【工作任务 3】 天海外贸公司 2013 年 10 月从国外进口 100 辆摩托车,关税完税价格 240 万元,当月售出 80 辆,每辆不含增值税销售价格为 3.8 万元;又从国内一摩托车厂购进摩托车 200 辆,取得增值税专用发票上注明的价款为 100 万元,本月销售 160 辆,每辆销售额为 7020 元(含增值税税额)。

摩托车进口关税税率为8%,消费税税率为10%。计算该外贸公司进口环节应纳的增值税和消费税税额以及销售摩托车应纳的增值税税额。

【工作任务4】 旭日升木地板厂为增值税一般纳税人。2013年11月15日向东方建材商场销售一批实木地板,取得含增值税销售额175.5万元。已知实木地板适用的增值税税率为17%,消费税税率为5%。计算该厂当月应纳消费税税额。

【工作任务5】 胜利卷烟厂为增值税一般纳税人,2013年11月的生产经营情况如下:

(1)从东风烟丝厂购进已税烟丝200吨,每吨不含税单价2万元,取得烟丝厂开具的增值税专用发票,注明货款400万元、增值税68万元。

(2)向农业生产者收购烟叶30吨,收购凭证上注明支付收购货款42万元,另支付运输费用3万元,取得运输公司开具的普通发票;烟叶验收入库后,又将其运往东风烟丝厂加工成烟丝,取得东风烟丝厂开具的增值税专用发票,注明支付加工费8万元、增值税1.36万元,卷烟厂收回烟丝时东风烟丝厂未代收代缴消费税。

(3)胜利卷烟厂生产领用外购已税烟丝150吨,生产卷烟20 000标准箱,当月销售给卷烟专卖商18 000箱,取得不含税销售额36 000万元。

购进货物所取得的相关凭证均已经税务机关认证为合法、有效的凭证。

要求:

(1)计算胜利卷烟厂11月份应缴纳的增值税税额。

(2)计算胜利卷烟厂11月份应缴纳的消费税税额。

【工作任务6】 长城酒厂为增值税一般纳税人,2014年3月份发生下列经济业务:

(1)销售自制粮食白酒5万斤,不含税单价为10元/斤,已开具增值税专用发票,同时收取包装物押金11 700元,取得运输企业自己开具的货物运输业增值税专用发票,注明金额9 000元,税率11%,税额990元

(2)从秦汉酒厂购进粮食酒精10吨,取得增值税专用发票,发票注明货款16万元,增值税27 200元,将其勾兑成白酒20吨,当月全部出售,取得不含税收入40万元,已开具增值税专用发票。

(3)用自产粮食白酒10吨发放职工福利,成本价为每吨1万元,对外销售不含税单价为每吨2万元。

(4)本月出售黄酒100吨,每吨不含增值税售价为3 000元,已开具增值税专用发票,货款已收到。

(5)委托飞跃酒厂生产药酒10吨,本厂提供原材料,成本3.5万元,支付加工费1万元(不含税),收回后直接销售,取得不含税收入90 000元,已开具增值税专用发票,货款已收到。

计算长城酒厂本月应缴纳的增值税和消费税税额。

【工作任务7】 世达公司是一家外贸企业,2013年11月进口卷烟1 500箱,海关审定的完税价格为7 500万元(关税税率30%);进口雪茄烟,海关审定完税价格为1 250万元(关税税率30%);进口化妆品完税价格4 200万元(关税税率35%)。向国内某单位售

出卷烟 85 箱,价税合计收入 595 万元,售出化妆品价税合计收入 3 100 万元。购进烟丝出口,取得专用发票上注明价款 158 万元,出口离岸价格为 230 万元。

要求:

(1)计算进口环节由海关代征的消费税税额。

(2)计算内销环节的消费税税额。

(3)计算出口环节应缴或应退的消费税税额。

【工作任务 8】 美之约化妆品公司委托怡人日用化工厂为其加工化妆品半成品,收回后以其为原料继续加工化妆品用于销售。2013 年 6 月美之约化妆品公司发出材料成本 60 000 元,支付加工费为 25 000 元,怡人日用化工厂代垫辅料 5 000 元。当月收回后继续加工,生产出化妆品成品,本月销售此化妆品,取得不含税收入 150 000 元,化妆品公司 12 月期初库存的委托加工同类化妆品为 100 000 元,期末库存委托加工同类化妆品 40 000 元。

计算美之约化妆品公司 12 月应纳增值税及消费税税额。

【工作任务 9】 长城汽车制造厂用进口的零部件生产乘用车,海关代征零部件的进口增值税 12 万元。2013 年 7 月销售乘用车取得不含税的销售收入 625 万元。接受加工业务收取的加工费及税金共 9 万元。当期在国内市场购进允许抵扣的零部件,取得增值税专用发票上注明的金额为 145 万元,其中属于应税消费品的轮胎金额为 30 万元。已知该企业当期期初外购的应税消费品的轮胎库存为 8 万元,期末应税消费品的轮胎库存为 15 万元。票据均认证合法。

以上价格均为不含增值税价格,乘用车消费税税率为 5%,购进属于应税消费品的轮胎的消费税税率为 3%。

要求:

(1)计算汽车厂本月应纳的增值税税额。

(2)计算汽车厂本月应纳的消费税税额。

【工作任务 10】 大前门卷烟厂为增值税一般纳税人,2013 年 9 月发生以下业务:

(1)委托加工收回烟丝价值 6 万元,由加工单位代收代缴消费税 1.8 万元。

(2)销售甲级卷烟 8 箱,取得不含税销售额 20 万元,增值税 3.4 万元,已经取得增值税专用发票,烟已发出并办妥托收手续,货款尚未收到。

(3)为一外贸单位加工 80 标准箱甲级特制烟。由外贸单位提供原材料,向外贸单位收取加工费 3 万元,辅料费 2 万元,原材料成本 50 万元(均不含增值税)。期末外贸单位将货物提走。

已知该烟厂无期初库存委托加工的烟丝,期末库存的委托加工收回的烟丝为 2 万元。该厂本期如何缴纳及代缴消费税?

纳税申报实务

一、实训学时:4 学时

二、实训类型:项目实训

三、实训目的

本项目实训，使学生能够辨别消费税的税目、税率，掌握有关应税消费品的计税依据、计税方法，掌握消费税应纳税额的计算。熟悉应税消费品的纳税环节，能独立填制消费税纳税申报表及附表，能编制消费税税收缴款书。

四、能力目标

1. 能辨别消费税的税目和税率。

2. 根据经济业务计算消费税应纳税额和增值税应纳税额。

3. 能辨别同一经济业务增值税和消费税计税依据的异同。

4. 掌握消费税计税依据的特殊规定。

5. 能填制消费税纳税申报表及附表。

6. 能编制消费税税收缴款书。

7. 会办理消费税纳税申报工作。

8. 独立获取财税信息的能力。

五、实训操作流程

经济业务——计算消费税税额——填制消费税纳税申报表附表——填制消费税纳税申报表——办理税款缴纳

六、实训内容

1. 根据实训资料【3-1】，运用从价定率和从量定额两种计税方法，计算酒类产品消费税应纳税额。

2. 根据实训资料【3-1】，运用消费税计税依据的特殊规定，对酒类产品进行消费税应纳税额的计算：

(1) 含增值税计税销售额的换算；

(2) 自产自用应税消费品应纳税额的计算；

(3) 委托加工应税消费品已纳消费税的扣除；

(4) 外购应税消费品已纳税款的扣除；

(5) 对连同包装销售的酒类消费品应纳税额的计算；

(6) 纳税人用于换取生产资料、生活资料、投资入股及抵偿债务的应税消费品应纳税额的计算。

3. 根据实训资料【3-1】，计算应纳消费税税额，填写消费税纳税申报表及附表和消费税税收缴款书。

七、实训资料

【3-1】 清泉酒业有限责任公司为增值税一般纳税人，生产粮食白酒、薯类白酒和啤酒，注册地、经营地址为泉州市和平路388号，开户银行为中国工商银行和平路支行，银行账号为111199992003200211，纳税人识别号为11200808082220070712，法定代表李建立，财务负责人吕树仁，办税员赵红梅，联系电话77656562。2013年5月该厂的生产销售情况如下：

(1) 5月3日，外购薯类酒精8吨，每吨货款1 800元，增值税306元，已取得增值税专用发票。

(2)5月10日,外购粮食酒精5吨,每吨货款5 000元,增值税850元,已取得增值税专用发票。

(3)5月14日,外购生产白酒的各种辅料,增值税专用发票上注明的价款200 000元,增值税34 000元。

(4)5月19日,外购生产啤酒的各种辅料,增值税专用发票上注明的价款380 000元,增值税64 600元。

(5)5月21日,用10吨白酒抵偿债务,每吨实际生产成本为15 000元,已知该类白酒近期每吨售价分别为22 800元、23 000元、24 000元,平均售价为23 200元。

(6)5月23日,销售啤酒180吨,每吨的出厂价为3 500元(不含增值税),已开具增值税专用发票,另收取包装物押金30 000元。

(7)5月27日,销售粮食白酒18吨,每吨22 000元(不含增值税),已开具增值税专用发票,另收取包装物租金7 020元。

(8)5月29日,销售薯类白酒18吨,每吨售价16 000元(不含增值税),已开具增值税专用发票,另收取包装物押金5 850元。

(9)5月30日,本月用6吨薯类酒精及辅料生产薯类白酒15吨;本月用8吨粮食酒精及辅料生产粮食白酒20吨;本月生产啤酒200吨,每吨的出厂价为3 500元(不含增值税)。

期初库存薯类白酒5吨,粮食白酒10吨,啤酒5吨(每吨的出厂价为3 500元);期初库存薯类酒精2吨,粮食酒精5吨。

要求:

(1)计算清泉酒业有限责任公司5月应纳的增值税。

(2)根据上述资料,计算清泉酒业有限责任公司5月应纳的消费税,并填制《消费税纳税申报表》及其附表。

任务 消费税纳税申报

任务描述

1.根据实训资料【3-1】,确定消费税的税目、税率。

2.正确计算清泉酒业有限责任公司各类酒产品消费税应纳税额。

3.正确计算清泉酒业有限责任公司增值税应纳税额。

4.填制消费税纳税申报表及附表。

5.编制消费税税收缴款书。

6.独立到国税局网站下载消费税纳税申报表、附表及相关资料。

任务资料

1. 清泉酒业有限责任公司基本情况。(见实训资料【3-1】)

2. 相关表格:消费税纳税申报表及附表。

消费税纳税申报表表单样式

表 3-1 **酒及酒精消费税纳税申报表**

纳税人识别号:☐☐☐☐☐☐☐☐☐☐☐☐☐☐☐

纳税人名称(公章): 税款所属期: 年 月 日至 年 月 日

填表日期: 年 月 日 金额单位:元(列至角分)

项目 应税消费品名称	适用税率		销售数量	销售额	应纳税额
	定额税率	比例税率			
粮食白酒	0.5元/斤	20%			
薯类白酒	0.5元/斤	20%			
啤酒	250元/吨	—			
啤酒	220元/吨	—			
黄酒	240元/吨	—			
其他酒	—	10%			
酒精	—	5%			
合计					

本期减(免)税额:	**声明**
期初留抵税额:	此纳税申报表是根据国家税收法律的规定填报的,我确定它是真实的、可靠的、完整的。
本期准予扣除税额:	
本期应抵扣税额:	声明人签字:
期初未缴税额:	(如果你已委托代理人申报,请填写)
期末留抵税额:	
本期实际抵扣税额:	**授权声明**
本期缴纳前期应纳税额:	为代理一切税务事宜,现授权 (地址)为本纳税人的代理申报人,任何与本申报表有关的往来文件,都可寄予此人。
本期预缴税额:	
本期应补(退)税额:	
期末未缴税额:	授权人签章:

以下由税务机关填写:

受理人(签章): 受理日期: 年 月 日 受理税务机关(签章):

本表为 A4 竖式,所有数字小数点后保留两位。一式二份,一份纳税人留存,一份税务机关留存。

填表说明:

一、仅限酒及酒精消费税纳税人填报。

二、"销售数量"为《中华人民共和国消费税暂行条例》、《中华人民共和国消费税暂行条例实施细则》及其他法规、规章规定的当期应申报缴纳消费税的酒及酒精销售(不含出口免税)数量。计量单位:粮食白酒和薯类白酒为斤,啤酒、黄酒、其他酒和酒精为吨。

三、"销售额"为《中华人民共和国消费税暂行条例》、《中华人民共和国消费税暂行条例实施细则》及其他法规、规章规定的当期应申报缴纳消费税的酒及酒精销售(不含出口免税)收入。

四、根据《中华人民共和国消费税暂行条例》和《财政部 国家税务总局关于调整酒类产品消费税政

策的通知》(财税[2001]84号)的规定,本表"应纳税额"计算公式如下:

1.粮食白酒、薯类白酒

应纳税额＝销售数量×定额税率＋销售额×比例税率

2.啤酒、黄酒

应纳税额＝销售数量×定额税率

3.其他酒、酒精

应纳税额＝销售额×比例税率

五、此表"本期准予抵减税额"按本表附件一的本期准予抵减税款合计金额填写。

六、此表"本期减(免)税额"不含出口退(免)税额。

七、此表"期初未缴税额"填写本期期初累计应缴未缴的消费税额,多缴为负数。其数值等于上期"期末未缴税额"。

八、此表"本期缴纳前期应纳税额"填写本期实际缴纳入库的前期消费税额。

九、此表"本期预缴税额"填写纳税申报前已预先缴纳入库的本期消费税额。

十、此表"本期应补(退)税额"计算公式如下,多缴为负数:

本期应补(退)税额＝应纳税额(合计栏金额)－本期准予抵减税额－本期减(免)税额－本期预缴税额

十一、此表"期末未缴税额"计算公式如下,多缴为负数:

期末未缴税额＝期初未缴税额＋本期应补(退)税额－本期缴纳前期应纳税额

十二、此表为A4竖式,所有数字小数点后保留两位。一式二份,一份纳税人留存,一份税务机关留存。

表3-2 　　　　　**本期准予抵减税额计算表**

纳税人识别号：□□□□□□□□□□□□□□□

纳税人名称(公章)：　　　　税款所属期：　年　月　日至　年　月　日

填表日期：　年　月　日　　　　　　　　　金额单位:吨、元(列至角分)

一、当期准予抵减的外购啤酒液已纳税款计算:

1.期初库存外购啤酒液数量:

2.当期购进啤酒液数量:

3.期末库存外购啤酒液数量:

4.当期准予抵减的外购啤酒液已纳税款:

二、当期准予抵减的进口葡萄酒已纳税款:

三、本期准予抵减税款合计:

附　　　　　　　　　**准予抵减消费税凭证明细**

啤酒(增值税专用发票)	号码	开票日期	数量	单价	定额税率(元/吨)
	合计	—		—	—

葡萄酒(海关进口消费税专用缴款书)	号码	开票日期	数量	完税价格	税款金额
	合计	—			

本表为A4竖式,所有数字小数点后保留两位。一式二份,一份纳税人留存,一份税务机关留存。

表 3-3　　　　　　　　　　**本期代收代缴税额计算表**

纳税人识别号：□□□□□□□□□□□□□□□

纳税人名称(公章)：　　　　税款所属期：　年　月　日至　年　月　日

填表日期：　年　月　日　　　单位:元(列至角分);数量单位:白酒为斤,其他为吨

项 目 \ 应税消费品名称		粮食白酒	薯类白酒	啤酒	啤酒	黄酒	其他酒	酒精	合计
适用税率	定额税率	0.5元/斤	0.5元/斤	250元/吨	220元/吨	240元/吨	—	—	—
	比例税率	20%	20%	—	—	—	10%	5%	—
受托加工数量									
同类产品销售价格									
无同类产品受托加工数量									
材料成本							—	—	
加工费							—	—	
组成计税价格							—	—	
本期代收代缴税款									

本表为 A4 竖式,所有数字小数点后保留两位。一式二份,一份纳税人留存,一份税务机关留存。

表 3-4　　　　　　　　　　**生产经营情况表**

纳税人识别号：□□□□□□□□□□□□□□□

纳税人名称(公章)：　　　　税款所属期：　年　月　日至　年　月　日

填表日期：　年　月　日　　　单位:元(列至角分);数量单位:白酒为斤,其他为吨

项 目 \ 应税消费品名称	粮食白酒	薯类白酒	啤酒(适用税率250元/吨)	啤酒(适用税率220元/吨)	黄酒	其他酒	酒精
生产数量							
销售数量							
委托加工收回酒及酒精直接销售数量							
委托加工收回酒及酒精直接销售额							
出口免税销售数量							
出口免税销售额							

本表为 A4 竖式,所有数字小数点后保留两位。一式二份,一份纳税人留存,一份税务机关留存。

项目四

营业税纳税实务

◆ 知识目标

1. 熟悉营业税的税目、税率；
2. 了解营业税纳税义务人及扣缴义务人；
3. 辨别营业税混合销售行为及兼营行为；
4. 掌握营业税计税依据的确定及税额计算；
5. 熟悉营业税税收优惠政策；
6. 掌握营业税纳税义务发生时间。

◆ 能力目标

1. 正确识别营业税的税目及税率；
2. 能辨别营业税混合销售行为及兼营行为；
3. 能根据经济业务正确计算营业税应纳税额；
4. 能填制营业税纳税申报表及附表；
5. 能编制营业税税款缴纳书；
6. 会办理营业税纳税申报工作；
7. 独立获取财税信息的能力。

◆ 知识小结

1. 关键术语

营业税扣缴义务人、建筑业、金融保险业、电信业、文化体育业、娱乐业、服务业、转让无形资产、销售不动产、计税营业额、混合销售行为、兼营行为。

2. 本章重点、难点

本章重点:营业税的征税范围、营业税税目、税率、应纳税额的计算和税收优惠。

本章难点:营业税计税依据的确定。

◆ 能力训练

一、单项选择题

1. 下列项目应征营业税的是(　　)。

A. 境内保险机构为出口货物提供的保险产品

B. 保险公司开展的一年期以上返还性人身保险业务的保费收入

C. 金融经纪业务收入

D. 幼儿园提供的养育服务收入

2. 下列项目免征营业税的是(　　)。

A. 图书馆的门票收入　　　　　　　　B. 银行贷款利息收入

C. 公园的门票收入　　　　　　　　　D. 福利企业为社会提供的劳务

3. 纳税义务人提供的应税劳务发生在外县(市)的,应向(　　)主管税务机关申报纳税。

A. 机构所在地　　　　　　　　　　　B. 应税劳务发生地

C. 居住地　　　　　　　　　　　　　D. 注册地

4. 下列收入中应征收营业税的是(　　)。

A. 博物馆举办活动的门票收入

B. 文化馆开办舞蹈班收取的学费

C. 学校提供的教育劳务

D. 美术馆举办书画展的门票收入

5. 下列关于营业税扣缴义务人的说法错误的是(　　)。

A. 委托金融机构发放贷款,以受托发放贷款的金融机构为扣缴义务人

B. 境外单位在境内发生应税行为,且境内没有经营机构的,应以购买者而不应以代理者为扣缴义务人

C. 建筑安装业实行分包或转包的,以总承包人为扣缴义务人

D. 个人转让无形资产时,其应纳税额以受让者为扣缴义务人

6. 纳税义务人转让土地使用权或者销售不动产,采取预收款方式的,其纳税义务发生时间为(　　)。

A. 收到预收款的当天

B. 所有权转移的当天

C. 收到全部价款的当天

D. 所有权转移并收到全部价款的当天

7. 下列各项中,(　　)没有体现营业税的特点。

A. 税源普遍,征收范围广

B. 税负轻,纳税义务人负担不重

C. 不会发生重复课税

D. 计算简便,征收成本低

8. 纳税义务人提供建筑业劳务(不含装饰劳务)的,其营业额为( )。

A. 不包括工程所用原材料及其他物资和动力的价款在内

B. 只是不包括工程所用原材料在内

C. 只是不包括工程所需动力的价款在内

D. 包括工程所用原材料、动力的价款在内

9. 下列征收营业税的各项目中,适用3%税率的是( )。

A. 金融保险业 B. 转让无形资产

C. 娱乐业 D. 文化体育业

10. 蓝天旅行社组织旅游团先在广州旅游,到达边境后,由香港旅行社接团组织香港旅游。该旅行社2013年11月共取得旅游费收入1 500 000元,替旅游者支付给其他单位房费300 000元、餐费150 000元、交通费100 000元、门票100 000元,并付给境外旅游企业500 000元,则该旅行社当月应缴纳的营业税税额为( )元。

A. 30 000 B. 25 500

C. 10 500 D. 32 500

11. 某餐饮公司2013年3月取得餐饮收入154万元,包间服务费20万元,茶水收入25万元;直接成本支出120万元。已知服务业适用的营业税税率为5%,该公司当月应缴纳的营业税税额为( )万元。

A. 7.7 B. 8.7 C. 9.95 D. 3.95

12. 华宇银行香山支行本期对外一般贷款的利息收入为100万元,支付给储户的存款利息30万元,银行该期应缴纳的营业税税额为( )元。

A. 50 000 B. 24 000 C. 56 000 D. 35 000

13. 隆兴房地产公司自建商品房销售,2013年11月该公司一幢商品楼竣工并销售。该楼工程总造价为2 860 000元,取得的销售收入为3 580 000元,其应缴纳的营业税税额为( )元。

A. 85 800 B. 179 000 C. 276 298.97 D. 107 400

14. 青园街福利彩票投注站,2013年11月代销中国福利彩票100 000元,取得代销手续费5 000元,则该投注站应缴纳的营业税税额为( )元。

A. 250 B. 150 C. 3000 D. 500

15. 下列各项中,不属于营业税征收范围的是( )。

A. 物业管理公司代供电部门收取电费取得的收入

B. 金融机构实际收到的结算罚款、罚息收入

C. 国家进出口银行办理出口信用保险业务取得的收入

D. 拍卖行受理拍卖文物古董取得的手续费收入

16. 单位将不动产无偿赠与他人,视同销售不动产征收营业税。其纳税义务发生时间为( )。

A. 将不动产交付对方使用的当天

B. 不动产所有权转移的当天

C. 签订不动产赠予文书的当天

D. 承受不动产人缴纳契税的当天

17. 下列项目中,准予从营业税的营业额中减除的是(　　)。

A. 物业公司代收的水、电、气费

B. 演出单位支付给提供演出场所的单位的费用

C. 贷款业务的利息支出

D. 娱乐业收取的烟酒饮料费

18. 下列属于营业税免税项目的是(　　)。

A. 个人按市场价格出租住房的收入

B. 文艺团体义演的门票收入

C. 学生勤工俭学提供的劳务

D. 房地产公司销售普通住宅的收入

19. 下列项目中,符合营业税纳税地点规定的是(　　)。

A. 纳税义务人转让土地使用权,在其机构所在地

B. 纳税义务人与销售的不动产不在一地的,在纳税义务人机构所在地

C. 纳税义务人承包工程的,在应税劳务发生地

D. 纳税义务人分包转包的工程与总承包人在同一省市的,在总承包人所在地

20. 营业税组成计税价格公式是(　　)。

A. 计税价格=营业成本或工程成本×(1+成本利润率)÷(1+营业税税率)

B. 计税价格=营业成本或工程成本×(1+成本利润率)÷(1-营业税税率)

C. 计税价格=营业成本或工程成本×(1+成本利润率)×(1+营业税税率)

D. 计税价格=营业成本或工程成本×(1+成本利润率)×(1-营业税税率)

二、多项选择题

1. 适用5%税率的营业税税目有(　　)。

A. 销售不动产 　　　　　　　　　B. 服务业

C. 建筑业 　　　　　　　　　　　D. 电信业

2. 根据营业税法律制度的规定,下列业务中,应按照"服务业——租赁业"税目缴纳营业税的有(　　)。

A. 美术馆出租展览场地

B. 房地产公司出租土地使用权

C. 俱乐部出租体育比赛场地

D. 交通部门有偿转让高速公路收费权

3. 根据营业税法律制度的规定,下列项目中,免征营业税的有(　　)。

A. 医院提供的医疗服务

B. 幼儿园提供的育养服务

C. 学生勤工俭学提供的劳务

D. 残疾人员提供的劳务

4.某房地产公司 2013 年 6 月销售 5 套商品房,取得售房款 750 万元、手续费 1 万元、违约金 2 万元、赔偿金 5 万元、延期付款利息 3 万元。该公司当月在计算缴纳营业税时应确认价外费用的有(　　)。

A.手续费 1 万元　　　　　　　　B.违约金 2 万元

C.赔偿金 5 万元　　　　　　　　D.延期付款利息 3 万元

5.关于营业税,下列说法正确的是(　　)。

A.人民银行对金融机构的贷款业务不征税

B.拍卖行向委托方收取的手续费应征税

C.对信达、华融、长城和东方资产管理公司接受相关国有银行的不良债权取得的利息收入免征营业税

D.对非营利性医疗机构按照国家规定的价格取得的医疗服务收入免征营业税

6.下列劳务中,属于营业税应税劳务的是(　　)。

A.加工货物　　　　　　　　　　B.修理设备

C.建筑　　　　　　　　　　　　D.表演

7.下列属于营业税兼营不同税目的应税行为有(　　)。

A.宾馆附设健身房

B.餐厅附设歌舞厅

C.汽车销售公司销售汽车并对外出租汽车

D.家电商场销售家电并负责送货上门

8.下列各项中,说法正确的是(　　)。

A.燃气公司代有关部门收取的有关费用不属于营业税范围

B.单独提供按揭属于营业税范围

C.进场费属于营业税范围

D.邮政部门发行报刊属营业税范围

9.代购货物行为凡同时具备(　　)条件的,不论企业的财务和会计账务如何处理,均应征收营业税。

A.受托方不垫付资金

B.销售方将增值税专用发票开具给委托方

C.受托方将增值税专用发票转交给委托方

D.受托方按代购实际发生的销售额和增值税税额与委托方结算货款,并另收取手续费

10.关于营业税纳税地点的下列表述中,正确的有(　　)。

A.建筑公司提供建筑业劳务,向应税劳务发生地主管税务机关申报纳税

B.扣缴义务人应当向其机构所在地或者居住地的主管税务机关申报缴纳其扣缴的税款

C.保险公司出租写字楼,向公司所在地主管税务机关申报纳税

D.建材公司转让土地使用权,向土地所在地主管税务机关申报纳税

11.娱乐业的营业额为经营娱乐业向顾客收取的各项收费,包括(　　)。

A.门票收入　　　　　　　　　　B.台位费收入

C. 点歌费收入 　　　　　　　　　　　D. 烟酒和饮料费收入及其他各项收入

12. 长城宾馆的经营范围包括:住宿、餐饮、歌舞、台球、代办机票、车票、船票业务,代办长途电话、市内电话业务。则该宾馆应按营业税的(　　)税目纳税。

A. 服务业 　　　　　　　　　　　　　B. 娱乐业

C. 金融业 　　　　　　　　　　　　　D. 电信业

13. 下列表述中,符合营业税有关纳税地点规定的有(　　)。

A. 纳税义务人从事运输业务,应向其劳务发生地主管税务机关申报纳税

B. 纳税义务人转让土地使用权,应向土地所在地主管税务机关申报纳税

C. 纳税义务人销售不动产,应向其不动产所在地主管税务机关申报纳税

D. 扣缴义务人应当向其机构所在地或者居住地的主管税务机关申报其应扣缴的税款

14. 下列项目按"服务业"征收营业税的有(　　)。

A. 旅店业 　　　　B. 代理业 　　　　C. 旅游业 　　　　D. 租赁业

15. 下列各项中,属于营业税扣缴义务人的有(　　)。

A. 个人演出的售票者

B. 在境内发生应税行为而在境内未设机构的境外单位的代理人或购买者

C. 建筑工程的总包人

D. 分保险业务的初保人

16. 下列各项保险收入,应当缴纳营业税的有(　　)。

A. 境内某保险公司为某公司境内财产提供的保险

B. 境外某保险机构为某公司境内货物提供的保险

C. 境内某保险公司为某外贸公司出口货物提供的保险

D. 境内某保险公司开展的一年期以上的返还性人身保险

17. 下列各项中,适用20%税率征收营业税的有(　　)。

A. 高尔夫球 　　　　B. 电子游戏厅 　　　　C. 台球 　　　　D. 保龄球

18. 营业税中的价外费用包括(　　)。

A. 代收款项 　　　B. 返还利润 　　　C. 集资费 　　　D. 滞纳金

19. 下列经营项目,其营业额的确定正确的是(　　)。

A. 纳税人的营业额计算缴纳营业税后因发生退款减除营业额的,应当退还已缴纳营业税税款或者从纳税人以后的应缴纳营业税税额中减除

B. 娱乐业的营业额应包括门票费、台位费、点歌费、烟酒和饮料收费及其他各项收入

C. 纳税人从事旅游业的,以其取得的全部价款和价外费用扣除替旅游者支付给其他单位或个人的住宿费、餐费、交通费、旅游景点门票等的余额为营业额

D. 从事物业管理的单位,以与物业管理有关的全部收入减去代业主支付的水、电、燃气以及代承租者支付的水、电、燃气、房屋租金等价款后的余额为营业额

20. 下列行为应征收营业税的有(　　)。

A. 单位或个体经营者聘用的员工为本单位或雇主提供的劳务

B. 单位转让土地使用权

C. 单位或个人销售不动产

D. 单位提供加工、修理、修配劳务

三、判断题

1. 提供加工、修理修配劳务不征收营业税而征收增值税。（　　）

2. 营业税是以在我国境内提供应税劳务、转让无形资产和销售不动产的行为为课税对象而征收的一种税。（　　）

3. 我国境内保险机构为出口货物提供保险，属于营业税征收范围。（　　）

4. 金融保险业统一按 3％ 的税率征收营业税。（　　）

5. 单位或个体经营者聘用的员工为本单位或雇主提供的劳务，应当征收营业税。（　　）

6. 一般贷款业务的营业额为贷款利息收入，不包括各种加息、罚息等。（　　）

7. 对个人按市场价格出租的居民住房，暂按 3％ 的税率征收营业税。（　　）

8. 单位或者个人进行演出由他人售票的，其应纳税款以售票者为扣缴义务人。（　　）

9. 对个人无偿赠送不动产的行为征收营业税。（　　）

10. 对经营营业税应税项目的个人，营业税的起征点为按期纳税的是月营业额 5 000 ～20 000 元，按次纳税的是每次（日）营业额 300～500 元（另有规定的除外）。（　　）

11. 残疾人员个人为社会提供的劳务免征营业税。（　　）

12. 在我国境内提供各种劳务所取得的收入均应缴纳营业税。（　　）

13. 境内保险机构为出口货物提供的保险属于营业税的征税范围。（　　）

14. 纳税义务人不以自用为目的，而将自建的房屋对外销售，其自建行为应先按建筑业缴纳营业税，再按销售不动产征收营业税。（　　）

15. 代购货物而收取的手续费，是与货物有关的收入，属于增值税征税范围。（　　）

16. 单位和个人提供应税劳务、转让土地使用权，向对方收取的预收性质的价款，其营业税纳税业务发生时间为收到该款项预收价款的当天。（　　）

17. 境内企业外派本单位员工赴境外从事劳务服务取得的各项收入，回国后要补缴营业税。（　　）

18. 王海涛将 2008 年 5 月购买的普通住房，于 2013 年 9 月对外销售，免征营业税。（　　）

19. 纳税人转让、出租土地使用权，应当向土地所在地的主管税务机关申报纳税。（　　）

20. 以不动产投资入股，参与接受方利润分配、共同承担投资风险的行为不征收营业税，在投资期后转让其股权的也不征收营业税。（　　）

任务驱动

【工作任务 1】　天山市红星娱乐城 2013 年 11 月份歌厅收入 50 000 元（其中鲜花收入 8 000 元），卡拉 OK 包房收入 80 000 元（其中酒水 28 000 元），饮食部收入 90 000 元。

请你计算该娱乐城当月应缴纳的营业税税额。（歌厅、卡拉 OK 包房收入营业税税率为 20％，饮食部收入营业税税率为 5％）

【工作任务2】 某市商业银行2013年第一季度发生下列任务：

(1)取得一般贷款业务利息收入600万元；支付单位、个人存款利息100万元。

(2)转让公司债券取得利息收入1100万元，债的买入价为900万元。

(3)取得金融服务手续费收入15万元。

(4)吸收居民存款600万元。

要求：计算该银行2013年第一季度应缴纳的营业税税额。（金融业适用的营业税税率为5%）

【工作任务3】 香山市鸿发商业银行2013年第二季度有关业务资料如下：

(1)向生产企业贷款取得利息收入600万元，逾期贷款的罚息收入8万元。

(2)为电信部门代收电话费取得手续费收入14万元。

(3)4月10日购进有价证券800万元，6月25日以860万元价格卖出。

计算该银行2013年第二季度应缴纳和应代扣代缴的营业税税额。（提示：银行适用的营业税税率为5%）

【工作任务4】 隆兴建筑公司以16 000万元的总承包额中标为丽景江山房地产开发公司承建一幢写字楼，之后，隆兴建筑公司又将该写字楼工程的装饰工程以7 000万元分包给兴旺建筑公司。工程完工后，丽景江山房地产开发公司用其自有的市值4 000万元的两幢普通住宅楼抵顶了应付给隆兴建筑公司的工程劳务费；隆兴建筑公司将一幢普通住宅楼自用，另一幢市值2 200万元的普通住宅抵顶了应付给兴旺建筑公司的工程劳务费。

请你分别计算有关各方应缴纳和应扣缴的营业税税额。

【工作任务5】 美食山饭店2013年11月发生以下业务：

(1)客房收入80万元，保龄球收入5万元，歌舞厅收入6万元。

(2)餐厅餐饮收入50万元，另收服务费2万。

(3)附设小卖部零售收入1万元。

(4)出租柜台销售字画，本月取得租金0.5万元。

(5)饭店为前台、餐厅和保龄球场共购置税控收款机3台，取得的普通发票上注明的价款为9万元。

请你为该饭店计算11月应纳流转税（附加税费不考虑）。

【工作任务6】 某建筑安装公司2013年3月发生以下经济业务：

(1)为客户提供装饰劳务，共收取人工费35万元、管理费5万元、辅助材料费10万元，客户自行采购的装修材料价款为20万元。

(2)将自建的一栋住宅楼销售给本公司职工，取得销售收入8 000万元。该住宅楼的建筑成本为5 000万元，当地税务机关确定的建筑业的成本利润率为15%。

要求：计算该公司本月应缴纳的营业税税额。

【工作任务7】 康泰保险公司2013年10月发生下列业务：

(1)以储金方式开展家庭财产保险业务，纳税期初储金余额400万元，期末储金余额800万元，当期一年期存款利息为2.12%，无赔偿奖励支出1万元。

(2)初保业务取得保费收入 300 万元,付给分保人保费收入 50 万元。

(3)取得保险追偿款 60 万元。

计算康泰保险公司本月应缴纳的营业税税额。

【工作任务 8】　中山县平安宾馆分账处理兼营业务,2013 年 11 月份收入情况如下:

(1)餐厅餐饮收入 6 万元,另有加收的 15%服务费的收入 0.9 万元。

(2)歌厅取得门票收入 2 万元,酒水饮料收入 2 万元,鲜花收入 0.9 万元,点歌费 0.5 万元。

(3)客房住宿收入 5 万元。

(4)小卖部销售商品收入 2.06 万元。

计算平安宾馆 11 月相关流转税金及附加。

【工作任务 9】　大华公司承包一项工程,总造价 4 000 万元,大华公司将 1 000 万元的安装工程分包给 B 公司。工程竣工后,建设单位支付给大华公司材料差价款 500 万元,提前竣工奖 100 万元。大华公司又将其中材料差价款 200 万元和提前竣工奖 30 万元支付给 B 公司。

计算大华公司应缴纳和代扣代缴的营业税税额。

【工作任务 10】　星湖建筑公司机构所在地为滨海市,2013 年 10 月份发生以下业务:

(1)当月承包乙市一建材厂厂房扩建项目,收取工程款 120 万元,临时设施费 5 万元,另由建材厂提供建筑材料 80 万元。

(2)将去年自建的一座住宅楼出售,其建筑安装成本为 1 000 万元,本月取得售楼收入 1 450 万元。

(3)将承包某完工工程的剩余材料出售,开具普通发票上注明价款 6 万元。

(4)公司总部设有一礼堂,本月取得对外出租收入 2 万元。

新来会计王程远为该公司计算当月应缴营业税为:

应纳营业税税额=120×3%+1 450×5%+2×3%=76.16 万元

请你根据税法有关规定,判断其计税方法是否正确,并计算星湖建筑公司应纳(应补)的营业税税额(当地规定的营业税成本利润率为 8%)。

◆ 纳税申报实务

一、实训学时:2 学时

二、实训类型:项目实训

三、实训目的

本实训能使学生熟悉营业税每一税目具体征税范围和计税依据的具体规定,掌握营业税应纳税额的计算。甄别每一税目的纳税义务人和扣缴义务人,掌握营业税的税收优惠政策,正确编制营业税纳税申报表。

四、能力目标

1. 正确识别营业税的税目和税率。

2. 能辨别营业税混合销售行为与兼营应税劳务与货物或非应税劳务行为。

3. 能根据经济业务正确计算营业税应纳税额。

4. 根据经济业务资料正确填制营业税纳税申报表。

5. 根据经济业务资料正确编制税收缴款书。

6. 会办理营业税纳税申报工作。

7. 独立获取财税信息的能力。

五、实训操作流程

经济业务────→计算营业税应纳税额────→填制营业税纳税申报表────→办理税款缴纳业务

六、实训内容

1. 根据实训资料【4-1】,计算宜家综合酒店营业税应纳税额。

2. 根据实训资料【4-2】,计算宏宇房地产开发有限责任公司营业税应纳税额。

七、实训资料

【4-1】 宜家综合酒店是石家庄市新华区一家综合性服务有限责任公司,地址为石家庄新华路66号,纳税人识别号为13079613784735552016,法定代表人张海阔,财务负责人郑立刚,办税员张红,联系电话:81049666,2013年4月发生如下业务:

(1)该酒店开发部自建同一规格和标准的楼房两栋,建筑安装总成本为2 000万元,成本利润率为10%,该酒店将其中一栋留作自用,另一栋对外销售,取得销售收入2 000万元,其中销售现房取得销售收入500万元,预售房屋取得预收款1 500万元;以部分房屋投资入股某企业,现将其股权的60%转让,取得收入800万元。

(2)宜家酒店旅馆部本月取得住宿收入52万元,下设小卖部当月销售收入2.06万元,发生水电费8 400元,支付服务员工资23 000元。

(3)宜家酒店餐饮部本月取得餐饮收入68万元,发生水电费13 600元,支付天然气费3 700元,支付服务员工资19 000元。

(4)该酒店下设非独立核算的娱乐中心。当月舞厅取得门票收入15万元,台位费收入1万元,点歌费收入0.5万元,茶水收入0.9万元,鲜花收入0.6万元,烟酒饮料收入1.03万元;台球室取得营业收入5万元;保龄球馆取得营业收入10万元。

请你根据以上资料,为宜家综合酒店计算应纳营业税税额,填写营业税纳税申报表及附表和营业税缴款书。

【4-2】 宏宇房地产开发有限责任公司,主要从事房地产开发、销售、写字楼出租及对外承包小型建筑工程,机构所在地为石家庄市桥西区槐安路88号,纳税人识别号为13073555201679613784,法定代表人王福来,财务负责人周永刚,办税员梁素玉,联系电话:81066649,2013年5月份发生以下业务:

(1)当月承包石家庄市燕山水泥厂一项建筑工程,收取工程款80万元,临时设施费2万元。购买建筑材料等支出10万元,另由水泥厂提供建筑材料20万元。支付职工工资、奖金 18 万元。同时,还向发包单位收取抢工费 1 万元,获得提前竣工奖 2 万元。工程完工后,将剩余材料出售,开具普通发票上注明价款 2 678 元。

(2)销售普通住宅 50 套,面积共计 5 500 平方米,取得销售额 3 575 万元。

(3)销售精装公寓 12 套,面积共计 1 056 平方米,取得销售额 1 035 万元。

(4)公司出租写字楼 1 500 平方米,取得租金收入 12 万元。

(5)公司总部办公楼部分对外出租,本月取得租金收入 5 万元。

请你根据以上资料,计算宏宇房地产开发有限责任公司应纳营业税税额,填写营业税纳税申报表及附表和营业税缴款书。

任务 1　营业税纳税申报(查账征收)

◆ 任务描述

1.根据实训资料【4-1】,确定营业税的税目、税率。

2.正确计算宜家综合酒店应纳税额。

3.正确填制营业税纳税申报表(适用于查账征收营业税纳税人)。

4.独立到当地地税局网站下载营业税纳税申报表及附表。

◆ 任务资料

1.宜家综合酒店基本情况。(见实训资料【4-1】)

2.相关表格:营业税纳税申报表(适用于查账征收营业税纳税人)。

◆ 理论指导

营业税是对在我国境内有偿提供应税劳务、转让无形资产或销售不动产的单位和个人,就其取得的营业额征收的一种税。1993 年 12 月 13 日国务院发布《中华人民共和国营业税暂行条例》,1993 年 12 月 27 日财政部颁布《中华人民共和国营业税暂行条例实施细则》,并从 1994 年 1 月 1 日起实行。2008 年 11 月 5 日为了配合增值税转型改革,国务院对条例进行了修订,同年 12 月 18 日,财政部、国家税务总局制发了修订后的《中华人民共和国营业税暂行条例实施细则》,自 2009 年 1 月 1 日起施行。

营业税的特点:征收范围广,税源普遍;税收负担轻、税负均衡,较好地体现了公平税负的原则;政策明了,适用性强;计算简单,操作方便,纳税人易于遵守。

为了进一步完善增值税制,消除重复征税,促进经济结构优化,经国务院常务会议决定,自 2012 年 1 月 1 日起,在上海市开展交通运输业和部分现代服务业营业税改征增值税试点,自 2012 年 8 月 1 日起至年底,将试点范围由上海市分批扩大至北京、天津、江苏、浙江、安徽、福建、湖北、广东、厦门和深圳 10 个省（直辖市、计划单列市），从 2013 年起继续扩大试点地区。增值税是我国现阶段税收收入规模最大的税种。

一、纳税企业纳税前的准备工作

从事服务业、建筑安装业和金融保险业等业务的企业，申报应纳营业税时应注意的事项有：

1. 核查企业营业收入及主要的原始凭证，计算应税营业额。

2. 根据企业应税项目的具体情况，确认税前应扣除的营业额。

3. 核查兼营非应税劳务、混合销售以及减免税项目的营业额，确认应税营业额和适用的税目税率。

4. 填制营业税纳税申报表及附表。

5. 及时报送纳税申报表及其他计税资料。

二、纳税申报时需报送的相关资料

1. 会计报表：资产负债表、利润表；

2. 纳税申报表：《营业税纳税申报表》、《代征代扣代缴税款报告表》；

3. 附报资料：代扣代缴税款账簿（复印件）等。

任务 2　房地产开发营业税纳税申报

任务描述

1. 根据实训资料【4-2】，确定营业税的税目、税率。

2. 审核各营业税税目的计税营业额。

3. 正确计算宏宇房地产开发有限责任公司营业税应纳税额。

4. 正确填制房地产开发企业营业税纳税申报表及附表。

5. 独立到当地地税局网站下载营业税纳税申报表及附表。

任务资料

1. 宏宇房地产开发有限责任公司基本情况。（见实训资料【4-2】）

2. 相关表格：营业税纳税申报表（适用于查账征收营业税纳税人）。

理论指导

见任务 1

营业税纳税申报表表单样式

表4-1

营业税纳税申报表（适用于查账征收的营业税纳税人）

纳税人识别号：

纳税人名称（公章）：

税款所属时间：自 年 月 日 至 年 月 日　　　　　填表日期：年 月 日　　　　　金额单位：元（列至角分）

应税项目	营业额					本期税款计算					税款缴纳 本期已缴税额				本期应缴税额计算		
	应税营业收入额	应税减除项目金额	计税营业额	免税收入	税率（%）	小计	本期应纳税额	免（减）税额	期初欠缴税额	前期多缴税额	小计	已缴纳应纳税额	本期已被扣缴税额	本期已缴欠缴税额	小计	本期期末应缴税额	本期期末应缴欠缴税额
1	2	3	4=2-3	5	6	7=8+9	8=(4-5)×7	9=5×6	10	11	12=13+14+15	13	14	15	16=17+18	17=8-13-11	18=10-11-15
建筑业																	
电信业																	
服务业																	
娱乐业																	
金融保险业																	
文化体育业																	
销售不动产																	
转让无形资产																	
合计																	
代扣代缴项目																	
总计																	

纳税人或代理人声明：

此表是根据国家税收法律的规定填报的，我确定它是真实的、可靠的、完整的。

如纳税人填报，由纳税人填写以下各栏：

办税人员（签章）　　　财务负责人（签章）　　　法定代表人（签章）　　　联系电话

如委托代理人填报，由代理人填写以下各栏：

代理人名称　　　代理人（签章）　　　经办人（签章）　　　联系电话　　　代理人（公章）

以下由税务机关填写：

受理人：

受理日期：年 月 日　　　　　受理税务机关（签章）

本表为A3横式，一式三份，一份纳税人留存，一份主管税务机关留存，一份征收部门留存。

填表说明：

一、本表适用于营业税纳税人填报。

二、本表由纳税人填制，一式三联：第一联（黑色）纳税人本期留存；第二联（红色）作为税务机关税收会计核算凭证；第三联（蓝色）主管税务机关存档。

三、纳税人不按照规定期限报送本表时，应当在规定的报送期限内提交延期申报申请并提交有关资料的，经税务机关批准，可以适当延期。

四、不按照规定期限报送本表及其他有关资料的，依照税收征收管理法第三十九条的规定予以处罚。

五、本表有关内容按以下要求填写：

1. 本表"纳税人名称"栏，填写纳税人单位名称全称，并加盖公章，不得填写简称。

2. 本表第2栏"应税收入"栏，填写纳税人本期因提供营业税应税劳务、转让无形资产或者销售不动产所取得的全部价款和价外费用（包括免税收入）。分营业税税目填报，该栏数据为各相应税目营业税纳税申报表中"应税收入"栏的"合计"数。纳税人提供营业税应税劳务、转让无形资产或者销售不动产发生退款或因财务会计核算办法改变冲减营业额时，不在本栏中扣除营业额，在第11栏"前期多缴税额"栏次内直接调减税额。

3. 本表第3栏"应税减除项目金额"应填从允许从许从应税收入中的扣除项目的营业额。应填写税法规定允许从应税收入中扣除的应税减除项目金额（或"应税减除项目金额"栏次中"小计"项）的"合计"数。

4. 本表第4栏"税款所属期"栏，填写税务机关为纳税人确定的税款所属的所属时间，即税款所属期。

5. 本表第5栏"纳税期限"栏，填写税务机关为纳税人确定的纳税期限的起止年、月、日。

6. 本表第6栏"税务登记证号（识别号）"栏，填写税务机关为纳税人确定的识别号，即税务登记证号码。

7. 本表"填表日期"填写纳税人填写本表的具体日期。

8. 本表第8栏"免税收入"栏填写纳税人本期提供营业税应税劳务、转让无形资产或者销售不动产所取得的应税收入中应免税的免税收入。已经税务机关审批的免税收入或审批可直接免缴税款的已经税务机关批准的，分营业税目填报，该栏数据为相应税目营业税纳税申报表中"免税收入"栏的"合计"数。

9. 本表第10栏"期初欠缴税额"填写纳税人截至本期（不含本期）提供营业税应税劳务、转让无形资产或者销售不动产所取得的应税营业税目应纳营业税目填报，该栏数据为相应税目营业税纳税申报表中"期初欠缴税额"栏的"合计"数。纳税人经过纳税申报或经税务机关核定等确定数据为相应税目营业税纳税申报表中"期初欠缴税额"栏的"合计"数。

10. 本表第11栏"前期多缴税额"填写纳税人截至本期（不含本期）多缴纳的营业税税额。分营业税目填报，该栏数据为相应税目营业税纳税申报表中"前期多缴税额"栏的"合计"数。

11. 本表第13栏"已缴应纳税额"填写纳税人已缴的本期应纳的营业税税额。该栏数据为相应税目营业税纳税申报表中"已缴应纳税额"栏的"合计"数。

12. 本表第14栏"本期已被扣缴税额"填写纳税人本期发生纳税义务，按现行税法规定被扣缴义务人扣缴的税款，该栏数据为相应税目营业税纳税申报表中"本期已被扣缴税额"栏的"合计"数。

13. 本表第15栏"本期缴纳欠税"填写纳税人本期缴纳的前期欠税。包括本期缴纳的按照法律、行政法规规定或者税务机关过纳税申报，批准延期缴纳税款或核定的税款，该栏数据为相应税目营业税纳税申报表中"本期缴纳欠税"栏的"合计"数。确定应纳税额后，超过纳税额，行政法规规定或者税务机关依照法律、行政法规规定确定的税款纳税限未缴纳的税款。该栏数据为相应税目营业税纳税申报表中"本期已缴欠缴税额"栏的"合计"数。

表 4-2

娱乐业营业税纳税申报表（适用于娱乐业营业税纳税人）

纳税人识别号：

纳税人名称（公章）：

税款所属时间：自 年 月 日 至 年 月 日　　填表日期： 年 月 日　　金额单位：元（列至角分）

应税项目	营业额			税率（%）	本期税款计算				期初欠缴税额	前期多缴税额	本期应缴税额计算			税款缴纳		本期期末应缴税额计算	
	应税收入额	应税减除项目金额	应税营业额	免税收入		小计	本期应纳税额	免(减)税额			小计	本期已缴税额		小计	本期已缴税额	本期期末应缴税额	本期期末缴欠税额
												已缴本期应纳税额	本期已缴欠税额				
1	2	3	4=2−3	5	6	7=8+9	8=(4−5)×6	9=5×6	10	11	12=13+14	13	14	15=16+17	16=8−13	17=10−11−14
歌厅																
舞厅																
卡拉OK歌舞厅	夜总会																
	练歌房																
	恋歌房																
音乐茶座	酒吧																
高尔夫球																
台球、保龄球																
游艺场																
	网吧																
其他																
合计																

以下由税务机关填写：

受理人：　　　　　　　　　　受理日期： 年 月 日　　主管税务机关（盖章）：

本表为 A3 横式一式三份，一份纳税人留存，一份主管税务机关留存，一份征收部门留存。

受理税务机关（签章）：

表 4-3

营业税纳税申报表(适用于服务业营业税纳税人)

纳税人识别号:

纳税人名称(公章):　　　　　　　　　　　　　　　　　　　　　填表日期: 年 月 日

税款所属时间:自 年 月 日 至 年 月 日　　　　　　　　　　　金额单位: 元(列至角分)

应税项目	营业额				税率(%)	本期税款计算			期初欠缴税额	前期多缴税额	税款缴纳			本期应缴税额计算		
	应税收入	应税减除项目金额	应营业额	免税收入		小计	本期应纳税额	免(减)税额			本期已缴税额			本期期末应缴税额	本期期末应缴欠税额	
											小计	已缴本期应纳税额	本期已缴欠税额	小计		
1	2	3	4=2-3	5	6	7=8+9	8=(4-5)×6	9=5×6	10	11	12=13+14	13	14	15=16+17	16=8-13	17=10-11-14
旅店业																
饮食业																
旅游业																
仓储业																
租赁业																
广告业																
代理业																
其他服务业																
合计																

以下由税务机关填写:

受理人:　　　　　　　　　　受理日期: 年 月 日

受理税务机关(签章):

本表为 A3 横式一式三份,一份纳税人留存,一份主管税务机关留存,一份征收部门留存。

服务业减除项目金额明细申报表

表 4-4

纳税人识别号：

纳税人名称（公章）：

税款所属时间：自　年　月　日至　年　月　日　　填表日期：年　月　日　　金额单位：元（列至角分）

应税项目	项目	减除项目名称及金额			金额小计
旅游业	减除项目名称				—
	金额				
广告业	减除项目名称				—
	金额				
代理业	减除项目名称				—
	金额				
	减除项目名称				—
	金额				
	减除项目名称				—
	金额				
	减除项目名称				—
	金额				
合计	金额	—	—	—	—

以下由税务机关填写：

受理人：　　　　　　　　受理日期：　　年　月　日　　受理税务机关（签章）：

填表说明：

本表为 A3 横式一式三份，一份纳税人留存，一份主管税务机关留存，一份征收部门留存。

1. 该表填列服务业应税收入中按照营业税有关规定允许减除的金额。2. 每个应税项目按照减除项目名称分别填列允许减除的金额，"金额"合计"行"的"金额小计"数与《服务业营业税纳税申报表》第 3 栏"应税项目金额"数相等。3. 代理业应区分不同代理事项，允许减除"减除项目名称"、"金额"和"金额小计"。4. 本表"合计"行的"金额小计"为该应税项目所有减除项目金额的合计数。

表 4-5

建筑业营业税纳税申报表（适用于建筑业营业税纳税人）

纳税人识别号：

纳税人名称（公章）：

税款所属时间：自　年　月　日至　年　月　日　　　　填表日期：　年　月　日　　　　金额单位：元（列至角分）

申报项目	应税项目	应税收入	应税减除项目金额				应税营业额	免税收入	税率(%)	本期税款计算			期初前期多缴欠缴税额	期初多缴税额	税款缴纳				本期应缴税额计算		
			小计	支付给分包人(转)包人工程价款	减除设备价款	其他减除项目金额				小计	本期应纳税额	免(减)税额			小计	本期已缴税额	本期已缴被扣应纳税额	本期已缴欠缴税额	小计	本期末应缴税额	本期期末应缴欠缴税额
1	2	3	4=5+6+7	5	6	7	8=3-4	9	10	11=12+13	12=(8-9)×10	13=9×10	14	15	16=17+18+19	17	18	19	20=21+22	21=12-17-18	22=14-15-19
本地提供建筑业应税劳务申报事项 建筑									10												
安装																					
修缮																					
装饰																					
其他工程作业																					
自建行为																					
合计																					
代扣代缴项目																					
总计																					
异地提供建筑业应税劳务申报事项 建筑																					
安装																					
修缮																					
装饰																					
其他工程作业																					
自建行为																					
合计																					
代扣代缴项目																					
总计																					

以下由税务机关填写：

受理人：　　　　　　　　　　受理日期：　年　月　日　　　　受理税务机关（盖章）：

本表为 A3 横式一式三份，一份纳税人留存，一份主管税务机关留存，一份征收部门留存。

异地提供建筑业劳务税款缴纳情况申报表

表 4-6

纳税人识别号：

纳税人名称（公章）：

税款所属时间：自　年　月　日至　年　月　日　　　填表日期：年　月　日

金额单位：元（列至角分）

应税项目	本期应纳税额情况		本期已被代扣代缴税款情况	本期收到扣缴税款通知书情况				本期收到税收缴款书情况				本期收到减免税批准文书情况			
	应缴纳税款金额	税收缴款凭证号	本期已被代扣代缴税额	税收缴款凭证号	税款所属时间		扣缴单位纳税人识别号	已入库税收缴款书所列营业税税额	已入库税收缴款凭证号	税款所属时间		核准减免		批准文书有效期	
					起始月份	终止月份				起始月份	终止月份	核准减免税税额	税务减免批准文书号	起始月份	终止月份
1	2	3	4	5	6	7	8	9	10	11	12	13	14	15	16
合计															
代扣代缴项目															
总计															

以下由税务机关填写：

受理人：　　　　　　　　　　受理日期：年　月　日

受理税务机关（签章）：

本表为 A3 横式一式三份，一份纳税人留存，一份主管税务机关留存，一份征收部门留存。

项目五

城市维护建设税和教育费附加纳税实务

知识目标

1. 了解城市维护建设税的纳税义务人；
2. 掌握城市维护建设税的计税依据和适用税率；
3. 熟悉城市维护建设税的税收优惠政策；
4. 掌握城市维护建设税和教育费附加应纳税额的计算；
5. 熟悉城市维护建设税和教育费附加的纳税地点和纳税义务发生时间。

能力目标

1. 能识别城市维护建设税纳税义务人；
2. 正确运用城市维护建设税税收优惠政策；
3. 根据增值税、消费税、营业税实际缴纳数额计算城市维护建设税应纳税额；
4. 根据增值税、消费税、营业税实际缴纳数额计算应纳教育费附加；
5. 能填制附加税纳税申报表；
6. 会办理城市维护建设税和教育费附加的税款缴纳业务；
7. 独立获取财税信息的能力。

知识小结

1. 关键术语
"三税"、"出口不退、进口不征"。

2. 本章重点
城市维护建设税的计税依据和适用税率。

能力训练

一、单项选择题

1. 城市维护建设税按纳税义务人（　　　）的不同，设置了不同税率。

A. 生产规模大小　　　　　　　　　B. 会计制度健全与否
C. 所在地　　　　　　　　　　　　D. 是自然人还是法人

2. 城市维护建设税的计税依据是（　　　）。

A. 流转额　　　　　　　　　　　　B. 所得额

C.数量　　　　　　　　　　　D.纳税义务人实际缴纳的"三税"税额

3.由受托方代收代缴、代扣代缴增值税、消费税、营业税的单位和个人,其代收代缴、代扣代缴的城市维护建设税按(　　)所在地适用税率。

A.委托方　　　B.受托方　　　C.纳税义务人　　　D.第三方

4.滨海县一生产企业为增值税一般纳税人。本期进口原材料一批,向海关缴纳进口环节增值税10万元;本期在国内销售甲产品缴纳增值税30万元、消费税50万元,由于缴纳消费税时超过纳税期限10天,被罚滞纳金1万元;本期出口乙产品一批,按规定退回增值税5万元。该企业本期应缴纳城市维护建设税税额为(　　)万元。

A.4.55　　　B.4　　　C.4.25　　　D.5.6

5.下列各税率中,(　　)不是城市维护建设税的税率。

A.7%　　　B.3%　　　C.5%　　　D.1%

二、多项选择题

1.城市维护建设税是国家对缴纳(　　)的单位和个人就其实际缴纳的税额为计税依据而征收的一种税。

A.增值税　　　B.营业税　　　C.消费税　　　D.资源税

2.城市维护建设税的特点有(　　)。

A.城建税征收范围广　　　　　B.具有附加税性质

C.税款专款专用　　　　　　　D.根据城镇规模不同设计比例税率

3.下列可以作为城市维护建设税计税依据的有(　　)。

A.增值税税金　　　　　　　　B.消费税滞纳金

C.营业税罚款　　　　　　　　D.补纳的营业税金

4.下列规定符合城市维护建设税政策的有(　　)。

A.个人有营业收入的,不缴纳城市维护建设税

B.外国企业也是城市维护建设税的纳税人

C.海关对进口货物代征增值税、消费税,但不代征城市维护建设税

D.出口企业退还增值税、消费税,但不退还城市维护建设税

5.下列企业是我国城市维护建设税的纳税人的有(　　)。

A.国有企业　　　B.外国企业　　　C.股份制企业　　　D.外商投资企业

三、判断题

1.城市维护建设税以"三税"税额为依据并同时征收,免征或者减征"三税"时,应同时免征或者减征城建税。　　　　　　　　　　　　　　　　　　　　　　　(　　)

2.流动经营等无固定纳税地点的单位和个人,在经营地缴纳"三税"的,其城市维护建设税的缴纳按经营地适用的税率执行。　　　　　　　　　　　　　　　　(　　)

3.对出口产品退还增值税、消费税的,同时退还已缴纳的城市维护建设税。(　　)

4.进口产品需要缴纳增值税、消费税,但不缴纳城市维护建设税。　　　(　　)

5.纳税义务人只要发生"三税"的纳税义务,就要在同样的环节,分别计算缴纳城建税。　　　　　　　　　　　　　　　　　　　　　　　　　　　　　　　　(　　)

◆ 任务驱动

【工作任务1】 燕山市隆盛商贸公司为增值税一般纳税人,兼营商品加工、批发、零

售和进出口业务。2013年11月受托加工化妆品一批,委托方提供的原材料不含税金额为86万元,加工结束后向委托方开具普通发票,收取加工费和添加辅助材料的含税金额共计46.8万元,该商贸公司当地无同类产品市场价格。

计算该公司加工环节应代扣代缴的消费税、城市维护建设税和教育费附加(化妆品消费税税率为30%)。

【工作任务2】 滨海市桥西区税务局对辖区内一家内资企业进行税务检查时,发现该企业故意少缴营业税58万元,遂按相关执法程序对该企业做出补缴营业税、城市维护建设税和教育费附加,加收滞纳金(滞纳天数50天)并处以一倍罚款的处罚决定。该企业于当日接受了税务机关的处罚。

请你为该企业计算应补缴的营业税、城市维护建设税、滞纳金及罚款各是多少。

【工作任务3】 美尔美是一家生产化妆品的公司,位于黄山县,2013年10月应缴纳增值税10万元,实际缴纳了8万元,应缴纳消费税30万元,实际缴纳了30万元,并补缴上月应纳消费税6万元,取得出口退还增值税5万元,缴纳进口关税8万元、进口增值税20万元、进口消费税10万元。

请你为其计算本月应缴的城市维护建设税和教育费附加。

城市维护建设税和教育费附加纳税申报表表单样式

表5-1   附加税(费)纳税申报表

纳税人识别号:☐☐☐☐☐☐☐☐☐☐☐☐☐☐☐

纳税人名称:(公章)   税款所属期限:自 年 月 日至 年 月 日

填表日期: 年 月 日   金额单位:元(列至角分)

计税依据(计征依据)		计税金额(计征金额) 1	税率(征收率) 2	本期应纳税额 3=1×2	本期已缴税额 4	本期应补(退)税额 5=3-4
城市维护建设税	增值税					
	消费税					
	营业税					
	合计					
教育费附加	增值税					
	消费税					
	营业税					
	合计					
地方教育附加	增值税					
	消费税					
	营业税					
	合计					

纳税人或代理人声明:此纳税申报表是根据国家税收法律的规定填报的,我确信它是真实的、可靠的、完整的。	如纳税人填报,由纳税人填写以下各栏		
	经办人(签章)	会计主管(签章)	法定代表人(签章)
	如委托代理人填报,由代理人填写以下各栏		
	代理人名称		代理人(公章)
	经办人(签章)		
	联系电话		

以下由税务机关填写:

受理人: 受理日期: 受理税务机关(签章):

填表说明:

本表适用于城市维护建设税、教育费附加、地方教育附加纳税人填报。

项目六

企业所得税纳税实务

知识目标

1. 区分居民企业和非居民企业；
2. 掌握企业收入总额的计算；
3. 掌握准予扣除项目金额的计算；
4. 熟悉企业所得税资产的税务处理；
5. 掌握境外所得应纳税额扣除的计算；
6. 掌握用直接法和间接法确定企业应纳税所得额；
7. 熟悉企业所得税优惠政策。

能力目标

1. 能辨别居民纳税人与非居民纳税人及适用税率；
2. 掌握企业所得税费用扣除标准；
3. 根据经济业务计算企业应纳税所得额及应纳税额；
4. 能填制企业所得税纳税申报表及附表；
5. 能办理年终企业所得税的汇算清缴；
6. 能从国家税务总局网站独立获取企业所得税汇算清缴有关资料及报表。

知识小结

1. 关键术语

企业所得税纳税义务人、收入总额、扣除项目金额、亏损弥补、税收抵免。

2. 本章重点、难点

本章重点：应纳税所得额的计算、企业所得税的税收优惠。

本章难点：准予扣除项目的确定。

能力训练

一、单项选择题

1. 企业每一纳税年度的收入总额减除（　　　）后的余额，为应纳税所得额。

A. 不征税收入、各项扣除、免税收入以及允许弥补的以前年度亏损

B. 不征税收入、免税收入、各项扣除以及允许弥补的以前年度亏损

C. 免税收入、不征税收入、各项扣除以及允许弥补的以前年度亏损

D. 不征税收入、各项扣除、允许弥补的以前年度亏损以及免税收入

2. 下列各项中,不属于企业所得税纳税义务人的企业是(　　)。

A. 在外国成立但实际管理机构在中国境内的企业

B. 在中国境内成立的外商独资企业

C. 在中国境内成立的个人独资企业

D. 在中国境内未设立机构、场所,但有来源于中国境内所得的企业

3. 对于企业所得税法规定的税收优惠政策,下面说法不正确的是(　　)。

A. 对于符合条件的小型微利企业,减按15%的税率征收

B. 安置残疾人员的企业,所支付的工资可以在计算应纳税所得额时加计扣除

C. 创业投资企业从事国家鼓励的创业投资,可以按投资额的一定比例抵扣应纳税所得额

D. 企业综合利用资源,生产符合国家产业政策规定的产品所取得的收入,可以在计算应纳税所得额时减计收入

4. 以分期收款方式销售商品时,以(　　)来确定销售收入的实现。

A. 收到全部货款的日期　　　　　　B. 收到第一笔货款的日期

C. 货物发出的日期　　　　　　　　D. 合同约定的应付货款的日期

5. 居民企业取得下列各项收入中,按照企业所得税法和实施细则规定应并入应纳税所得额征收所得税的是(　　)。

A. 国债利息收入　　　　　　　　　B. 财政拨款

C. 接收捐赠收入　　　　　　　　　D. 300万元的技术转让所得

6. 按照企业所得税法和实施条例规定,下列有关企业所得税税率说法不正确的是(　　)。

A. 居民企业的境内外所得适用25%的所得税税率

B. 非居民企业取得来源于中国境内的所得适用税率为10%

C. 符合条件的小型微利企业适用税率为20%

D. 在中国境内未设立机构、场所,或虽设立机构、场所但取得的所得与机构、场所没有实际联系的非居民企业,其来源于中国境内的所得,适用20%的税率

7. 按照企业所得税法和实施条例规定,下列表述中不正确的是(　　)。

A. 发生的与生产经营活动有关的业务招待费,不超过销售(营业)收入5%的部分准予扣除

B. 发生的职工福利费支出,不超过工资薪金总额14%的部分准予税前扣除

C. 为投资者或者职工支付的补充养老保险费、补充医疗保险费在规定标准内准予扣除

D. 为投资者或者职工支付的商业保险费,不得扣除

8. 对于企业所得税法规定的税收优惠政策,下面说法正确的是(　　)。

A. 采取缩短折旧年限方法加速折旧的,最低折旧年限不得低于实施条例规定的折旧

年限的 60%

B. 安置残疾人员的企业,支付给残疾职工的工资在计算应纳税所得额时按 150% 加计扣除

C. 创业投资企业从事国家鼓励的创业投资,可按投资额的 70% 在股权持有满 2 年的当年抵免应纳税额

D. 符合条件的非营利组织从事营利性活动取得的收入可作为免税收入,不并入应纳税所得额征税

9. 企业开发新技术、新产品、新工艺发生的研究开发费用,可以在计算应纳税所得额时(　　)扣除。

A. 全额　　　　　B. 减半　　　　　C. 加倍　　　　　D. 加计

10. 下列各项中,不属于企业所得税法中"其他收入"的是(　　)。

A. 债务重组收入　　　　　　　　B. 补贴收入

C. 资产溢余收入　　　　　　　　D. 接受捐赠收入

11. 按照企业所得税法和实施条例规定,下列企业从事下列项目的所得减半征收企业所得税的是(　　)。

A. 牲畜、家禽的饲养

B. 农作物新品种的选育

C. 灌溉、农产品初加工、兽医等农、林、牧、渔服务业项目

D. 花卉、茶以及其他饮料作物和香料作物的种植

12. 根据《中华人民共和国企业所得税法》的规定,下列关于非居民企业的表述中,(　　)是正确的。

A. 在国外成立的企业均为非居民企业

B. 在中国境内成立但有来源于境外所得的企业为非居民企业

C. 依照外国法律成立,实际管理机构也在国外,但在中国境内设立机构、场所的企业属于非居民企业

D. 依照外国法律成立,但实际管理机构在中国境内的企业为非居民企业

13. 根据《中华人民共和国企业所得税法》的规定,企业的下列收入,属于不征税收入的是(　　)。

A. 国债利息收入　　　　　　　　B. 财政拨款

C. 接受捐赠收入　　　　　　　　D. 特许权使用费收入

14. 蓝天公司 2013 年的销售收入额为 5 000 万元,全年业务招待费实际发生 50 万元。在计算企业所得税时,业务招待费的扣除限额为(　　)。

A. 25 万元　　　B. 30 万元　　　C. 50 万元　　　D. 40 万元

15. 企业发生的公益性捐赠支出,在年度利润总额(　　)以内的部分,准予在计算应纳税所得额时扣除。

A. 10%　　　　B. 5%　　　　C. 15%　　　　D. 12%

16. 根据企业所得税法律制度的规定,下列(　　)不属于企业所得税纳税义务人。

A. 股份有限公司　　　　　　　　B. 合伙企业、个人独资企业

C. 有限责任公司　　　　　　　　D. 联营企业

17. 顺达公司在生产经营活动中发生了以下费用,在计算应纳所得额时不允许扣除的项目是(　　)。

A. 企业发生的合理的工资薪金支出 23 万元

B. 企业直接对我国四川地区"希望工程"的 10 万元公益性捐款

C. 企业在规定比例之内发生的 3 万元业务招待费

D. 企业购买国债的利息收入 5 万元

18. 飞跃信息有限责任公司是认定的高新技术企业。2013 年度该企业的应纳税所得额是 120 万元,则其 2013 年度应缴纳的企业所得税为(　　)万元。

A. 30　　　　　B. 24　　　　　C. 18　　　　　D. 12

19. 企业在年度中间终止营业活动的,应当自实际经营终止之日起(　　)日内,向税务机关办理当期企业所得税汇算清缴。

A. 60　　　　　B. 30　　　　　C. 15　　　　　D. 90

20. 根据企业所得税法律制度的规定,企业缴纳的(　　)税金,不得在计算企业所得税应纳税所得额时扣除。

A. 消费税　　　B. 资源税　　　C. 关税　　　　D. 增值税

二、多项选择题

1. 企业所得税法所称依法在中国境内成立的企业,包括依照中国法律、行政法规在中国境内成立的(　　)以及其他取得收入的组织。

A. 企业　　　　B. 事业单位　　　C. 社会团体　　　D. 国家机关

2. 下列属于企业所得税纳税人的有(　　)。

A. 国有独资企业　　　　　　　　B. 私营有限责任公司

C. 中外合资企业　　　　　　　　D. 一人有限责任公司

3. 企业所得税法将企业所得税纳税人分为(　　)。

A. 居民企业　　　　　　　　　　B. 本地企业

C. 外地企业　　　　　　　　　　D. 非居民企业

4. 根据企业所得税法的规定,下列收入中要征企业所得税的是(　　)。

A. 金融债券利息收入

B. 非营利性组织从事非生产经营活动的收入

C. 已做坏账损失处理后又收回的应收账款

D. 依法收取并纳入财政管理的政府性基金

5. 按照企业所得税法规定,下列说法正确的是(　　)。

A. 企业销售存货,按规定计算的存货成本可以在税前扣除

B. 企业转让资产,该项资产的净值如果是负数,则可以在税前扣除

C. 企业境外营业机构的亏损可以抵减境内营业机构的盈利,进行汇总缴纳企业所得税

D.企业纳税年度发生亏损,准予向以后年度结转,直到弥补完为止

6.除税法另有规定外,有关企业所得税纳税地点的下列说法正确的是(   )。

A.除税收法律、行政法规另有规定外,居民企业以企业登记注册地为纳税地点;但登记注册地在境外的,以实际管理机构所在地为纳税地点。

B.非居民企业取得来源于中国境内的所得,以机构、场所所在地为纳税地点

C.居民企业在中国境内设立不具有法人资格的营业机构,应当汇总计算并缴纳企业所得税

D.非居民企业取得来源于国外不由企业负担的,并与其机构、场所没有实际联系的所得,以扣缴义务人所在地为纳税地点

7.企业使用或者销售的存货的成本计算方法,可以在(   )中选用一种。计价方法一经选用,不得随意变更。

A.先进先出法　　　　　　　B.移动加权平均法

C.月末一次加权平均法　　　D.个别计价法

8.下列有关企业所得税税率的说法正确的是(   )。

A.企业所得税的税率为25%

B.非居民企业在中国境内未设立机构、场所的,其来源于中国境内的所得适用税率为20%

C.符合条件的小型微利企业适用税率为20%

D.国家需要重点扶持的高新技术企业适用税率为15%

9.下列项目中,允许在应纳税所得额中据实扣除的有(   )。

A.借款利息支出　　　　　　B.企业财产保险费

C.企业的业务宣传费　　　　D.固定资产转让费

10.对企业发生的公益性支出,下列说法不正确的是(   )。

A.在年度利润总额10%以内的部分,准予在计算应纳税所得额时扣除

B.在年度利润总额12%以内的部分,准予在计算应纳税所得额时扣除

C.在年度应纳税所得额10%以内的部分,准予在计算应纳税所得额时扣除

D.在年度应纳所得税总额12%以内的部分,准予在计算应纳税所得额时扣除

11.根据企业所得税法律制度的规定,计算应纳税所得额时,除国务院财政、税务主管部门另有规定外,下列(   )费用支出不超过规定比例的准予扣除,超过部分,准予在以后纳税年度内结转。

A.职工教育经费　　　　　　B.工会经费

C.广告费和业务宣传费　　　D.职工福利费

12.根据企业所得税法律制度的规定,下列(   )项目在计算企业所得税应纳税所得额时不得扣除。

A.股息　　　B.红利　　　C.租金　　　　D.特许权使用费

13.根据企业所得税法律制度的规定,在计算应纳税所得额时,下列支出不得扣除的

有(　　)。

A. 企业所得税税款

B. 税收滞纳金

C. 未经核定的准备金支出

D. 企业内部营业机构之间支付的租金

14. 下列各项收入中,(　　)属于《企业所得税法》中所指的不征税收入。

A. 财政拨款

B. 依法收取并纳入财政管理的行政事业性收费、政府性基金

C. 租金收入

D. 国债利息收入

15. 企业从事下列项目的所得,免征企业所得税的有(　　)。

A. 林木的培育和种植　　　　　　B. 农作物新品种的选育

C. 海水养殖、内陆养殖　　　　　D. 远洋捕捞

16. 根据企业所得税法律制度的规定,下列关于收入确认时间的表述中,正确的是(　　)。

A. 以分期收款方式销售货物的,按照合同约定的收款日期确认收入

B. 企业接受捐赠收入,按照实际收到捐赠资产的日期确认收入

C. 利息收入按照合同约定的债务人应付利息的日期确认收入

D. 租金收入按照实际收到租金的日期确认收入

17. 下列固定资产中,不得计提折旧的有(　　)。

A. 单独估价作为固定资产入账的土地

B. 未投入使用的固定资产

C. 已足额提取折旧仍继续使用的固定资产

D. 以融资租赁的方式租入的固定资产

18. 根据企业所得税法律制度的规定,下列(　　)无形资产不得计算摊销费用扣除。

A. 自创商誉　　　　　　　　　　B. 与经营活动无关的无形资产

C. 外购的无形资产　　　　　　　D. 接受捐赠取得的无形资产

19. 企业所得税的征收缴纳方法有(　　)。

A. 查定征收　　　　　　　　　　B. 核定应纳税所得率

C. 查账征收　　　　　　　　　　D. 定额征收

20. 在计算企业所得税的应纳税所得额时,收入总额应包括(　　)。

A. 销售货物收入　　　　　　　　B. 转让固定资产、无形资产收入

C. 租金收入　　　　　　　　　　D. 特许权使用费收入

三、判断题

1. 在中华人民共和国境内,企业和其他取得收入的组织(包括个人独资企业、合伙企业)为企业所得税的纳税人。　　　　　　　　　　　　　　　　　　　(　　)

2.居民企业是指依法在中国境内成立,或者依照外国(地区)法律成立但实际管理机构在中国境内的企业。   （ ）

3.居民企业应当就其来源于中国境内、境外的所得缴纳企业所得税。   （ ）

4.根据企业所得税法律制度的规定,对非营利组织从事非营利活动取得的收入给予免税,但从事营利性活动取得的收入则要征税。   （ ）

5.企业实际发生的与取得收入有关的、合理的支出,准予在计算应纳税所得额时扣除。   （ ）

6.无形资产按照直线法计算的摊销费用,准予扣除。   （ ）

7.在计算应纳税所得额时,违反税法规定被处的罚款不得扣除,但税收滞纳金可以扣除。   （ ）

8.居民企业承担无限纳税义务,非居民企业承担有限纳税义务。   （ ）

9.企业转让资产,该项资产的损失净额准予在计算应纳税所得额时扣除。   （ ）

10.在计算应纳税所得额时,企业财务、会计处理办法与税收法律、行政法规的规定不一致的,按企业财务、会计的处理办法计算。   （ ）

11.企业纳税年度发生的亏损,准予向以后年度结转,用以后年度的所得弥补,但结转年限最长不得超过 5 年。   （ ）

12.企业发生的公益性捐赠支出,在年度应纳税所得额 12% 以内的部分,准予在计算应纳税所得额时扣除。   （ ）

13.企业从事花卉、茶以及其他饮料作物和香料作物的种植减半征收企业所得税。
                                                               （ ）

14.根据企业所得税法律制度的规定,企业在生产经营活动中发生的不需要资本化的借款费用,准予在计算应纳税所得额时扣除。   （ ）

15.我国现行企业所得税法自 2008 年 1 月 1 日起实行。   （ ）

16.企业申报扣除的广告费支出,必须符合下列条件:广告是通过工商部门批准的专门机构制作的,已实际支付费用并取得相应发票,通过一定的媒体传播。   （ ）

17.企业在汇总计算缴纳企业所得税时,其境外营业机构的亏损可以抵减境内营业机构的盈利。   （ ）

18.符合条件的居民企业之间的股息、红利等权益性投资收益免征企业所得税。（ ）

19.根据企业所得税法律制度的规定,企业以分期收款方式销售货物的,按照合同约定的收款日期确认收入的实现。   （ ）

◆ 任务驱动

【工作任务 1】　宏发公司 2013 年度转让技术取得收入 1 700 万元,与之相关的成本费用为 400 万元。

请你为该公司计算 2013 年技术转让所得应缴纳的企业所得税税额。

【工作任务 2】　胜利公司是一家创业投资企业,2011 年 1 月采取股权投资方式投资双环公司 600 万元,双环公司属于未上市的中型高新技术企业,该项投资一直未转让或者收回。

2013 年胜利公司应纳税所得额为 1 420 万元,请你为该公司计算 2013 年应缴纳的企业所得税。

【工作任务 3】 康泰制药公司 2013 年销售收入为 8 000 万元,会计利润为 1 000 万元,全年发生的业务如下:

(1)职工人数为 200 人,其中残疾职工 50 人,企业已在全年费用中列支的工资总额为 600 万元,其中残疾职工工资为 95 万元。

(2)提取职工福利费 70 万元,用于职工福利支出 50 万元。

(3)提取职工教育经费 15 万元,用于职工教育支出 10 万元。

(4)业务招待费支出 50 万元。

(5)发生广告费支出 1 900 万元,业务宣传费支出 80 万元。

(6)通过某市政府为公益事业捐款 150 万元。

(7)研究开发新产品在费用中列支研究开发费用 320 万元。

(8)购置并实际使用了《环境保护专用设备企业所得税优惠目录》规定的环境保护专用设备,设备价款为 100 万元。

请你为该公司计算 2013 年应缴纳的企业所得税税额。

【工作任务 4】 星源公司是一家工业企业,2013 年实现销售收入 5 000 万元,销售成本 3 500 万元,管理费用 100 万元,财务费用 80 万元,销售费用 900 万元(其中广告费和业务宣传费 800 万元)。

请你计算其应缴纳的所得税税额。

【工作任务 5】 鑫磊公司 2013 年度利润总额为 500 万元,其中国债利息收入 20 万元,从事林木培育所得 260 万元,无其他纳税调整事项。

请你为其计算 2013 年度应纳税所得额是多少。

【工作任务 6】 燕山市清泉白酒厂为居民企业,主要生产销售白酒,2013 年度有关生产经营情况为:

(1)销售自产白酒 120 标准箱给某大型商场,向购买方开具了增值税专用发票,注明销售额 300 万元。销售自产白酒 8 标准箱给使用单位和消费者个人,开具普通发票,取得销售收入 23.4 万元。

(2)当年应纳增值税 40.93 万元,应纳消费税 132.42 万元。

(3)当年白酒销售成本共计为 120 万元;财务费用 10 万元。

(4)发生管理费用 20 万元(含业务招待费 4 万元)。

(5)销售费用 100 万元(含广告费 20 万元,业务宣传费 10 万元)。

(6)计入成本、费用的实发工资费用 150 万元,拨缴工会经费 5 万元并取得专用收据,实际支出职工福利费 25 万元、职工教育经费 5 万元,三项经费均超过税法规定的扣除标准。

(7)营业外支出 30 万元,其中被工商部门行政罚款 6 万元,向本厂困难职工直接捐赠 4 万元,通过民政部门向贫困地区捐赠 20 万元。

(8)接受捐赠收入 180 万元,当年境内投资收益为 57.5 万元(被投资方所得税税率为 20%)、境外投资收益(税后)20 万元(被投资方适用所得税税率为 20%)。上年超过标准的广告费和业务宣传费 40 万元。

要求:请你根据上述资料,完成如下任务:

(1)核定业务招待费、广告费及业务宣传费应调整的应纳税所得额。

(2)核定职工工会经费、职工福利费和职工教育经费应调整的应纳税所得额。

(3)计算企业所得税前准予扣除的公益性捐赠。

(4)核算该企业 2013 年境内生产经营应纳税所得额。

(5)计算该企业 2013 年应缴纳的企业所得税额。

【工作任务 7】 百利公司是一家生产企业,于 2010 年 1 月注册成立并进行生产经营,2013 年度生产经营情况如下:

(1)本年度销售产品取得不含税收入 9 000 万元。

(2)结转产品销售成本 3 300 万元。

(3)发生的营业税金及附加 200 万元。

(4)发生销售费用 1 000 万元(其中广告费 350 万元);财务费用 200 万元。

(5)发生管理费用 1 200 万元(其中业务招待费 85 万元,新产品研究开发费 30 万元)。

(6)公司发生营业外支出 800 万元(其中通过政府部门向贫困地区捐款 150 万元,存货盘亏损失 60 万元,赞助支出 50 万元)。

(7)全年提取并实际支付工资 1 000 万元,职工工会经费、职工教育经费、职工福利费,分别按工资总额的 2%、2.5%、14% 的比例提取,并且均实际支出。

(8)经过税务机关的核定,该企业当年合理的工资支出标准是 800 万元,成本、费用中未包含工资和三项经费。

要求:根据上述资料,完成下列任务:

(1)核算该公司所得税前可以扣除的期间费用。

(2)计算该公司准予扣除的营业外支出。

(3)核定公司计税工资和公司允许扣除的三项经费。

(4)计算百利公司应纳企业所得税额。

【工作任务 8】 燕赵市太行公司是一家电器生产企业(一般纳税人),2013 年有关经营情况如下:

(1)2013 年实现产品销售收入 8 000 万元,7 月 1 日出租设备收入 18 万元(租期 18 个月),专利技术转让(使用权)收入 60 万元,固定资产清理净收入 30 万元,从境外企业分回利润 50 万元(境外企业适用税率为 15%)。

(2)本年应结转产品销售成本 4 480 万元,结转无形资产成本 20 万元。

(3)本年缴纳增值税 340 万元,城市维护建设税和教育费附加 34 万元。

(4)本年发生销售费用 1 800 万元(其中广告费 1 200 万元,业务宣传费 400 万元);管理费用 1 000 万元(其中业务招待费 80 万元,上年度应计未计的费用 3 万元,会计师事务所审计、咨询费 10 万元);财务费用 120 万元(其中向其他企业借入生产经营用借款 1 000 万元,借款利率为 8%,银行同期同类借款利率为 6%)。

(5)8 月 20 日对委托施工单位进行租入生产车间的改建工程办理验收手续,支出 150 万元(税务机关核定 5 年摊销)全部计入了其他业务支出。

(6)10 月末盘亏产成品 200 台,每台成本 0.3 万元(其中外购材料、辅料占 70%),已责成有关责任部门和责任人赔偿全部损失的 50%,净损失经批准税前准予扣除。

根据以上资料,计算太行公司 2013 年应缴纳的企业所得税和应补缴的房产税(当地房产税余值扣除比例为 30%)。

纳税申报实务

一、实训学时:4 学时

二、实训类型:项目实训

三、实训目的

企业所得税适用面广,是对法人单位的生产经营所得和其他所得征收的一种税。税前扣除项目的计算较为复杂,企业所得税纳税申报表的填制有一定难度。通过本项目实训,使学生在正确核算企业会计利润的前提下,按照税法和税收征收管理的有关规定,将会计利润调整为应税所得,计算填报企业所得税纳税申报表及其附表。

四、能力目标

1.能区别居民纳税人与非居民纳税人及适用税率。

2.掌握企业所得税各项费用扣除标准。

3.根据经济业务正确核算企业会计利润。

4.根据企业所得税相关规定将会计利润调整为应纳所得税额。

5.能填制企业所得税年度纳税申报表及附表。

6.能办理年终企业所得税的汇算清缴。

7.能从国家税务总局网站独立获取企业所得税汇算清缴有关资料。

五、实训操作流程

经济业务——→计算企业所得税额——→填制企业所得税纳税申报表附表——→填制企业所得税纳税申报表——→办理税款缴纳

六、实训内容

1.根据实训资料【6-1】,计算长城机电股份有限公司会计利润。

2.根据实训资料【6-1】,计算长城机电股份有限公司应纳所得税额。

七、实训资料

【6-1】 长城机电股份有限公司为工业企业,生产各种机电产品,被主管税务机关认

定为增值税一般纳税人,适用 17％的增值税税率,所得税税率为 25％,经营地址为中山市华山路 89 号,邮政编码 730056,电话 6222017。2013 年全年有关计税资料如下:

(1)全年营业收入 34 115 670 元,营业成本 29 489 650 元,营业税金及附加 81 543 元,销售费用 2 388 320 元(其中广告费 380 000 元),无形资产使用权转让收入 100 120 元,无形资产使用权转让相关支出 61 110 元。

(2)公司全年实发工资 210 000 元,计税工资总额为 154 000 元,已按实发工资总额和规定比例计提三项经费,并在本年全部支出。

(3)管理费用为 1 854 600 元,其中:业务招待费 165 657 元。固定资产折旧 4 600 元,按直线法计提的折旧为 4 000 元。

(4)财务费用为 302 100 元,其中:公司由于急需资金购货,于 2013 年 1 月 1 日向达盛商贸公司借款 1 500 000 元,年利率 8％,已于当年 12 月 31 日偿还本息(注同期银行同种贷款利率为 6％)。

(5)投资收益为 6 612 000 元,其中:

①收到符合条件的居民企业投资收益 20 000 元。

②国债利息收入 10 000 元。

(6)营业外支出 1 047 200 元,其中:

①违反工商行政管理部门有关规定,缴纳罚款 2 000 元。

②通过中华慈善总会向灾区捐款 100 000 元。

③赞助支出 7 000 元。

(7)该公司 2013 年 1～3 季度已经预缴入库所得税 28 000 元。

根据所提供资料正确核算公司会计利润并调整其应纳税所得额,填写企业所得税纳税申报表及附表(保留两位小数,公司适用所得税税率 25％)。

任务　企业所得税纳税申报

◆ 任务描述

1.根据实训资料【6-1】,正确核算长城机电股份有限公司的会计利润。

2.正确计算长城机电股份有限公司企业所得税的费用扣除限额。

3.调整长城机电股份有限公司应纳税所得额。

4.正确计算企业所得税应纳税额。

5.正确填制企业所得税纳税申报表及附表。

6.办理企业所得税的汇算清缴。

7.独立到国税局网站下载企业所得税纳税申报表及附表。

任务资料

1. 长城机电股份有限公司基本情况。(见实训资料【6-1】)

2. 相关表格:企业所得税纳税申报表及附表。

企业所得税纳税申报表表单样式

表 6-1　　　　中华人民共和国企业所得税年度纳税申报表(A 类)

税款所属期间:　　年　　月　　日至　　年　　月　　日

纳税人识别号:□□□□□□□□□□□□□□□

纳税人名称:　　　　　　　　　　　　　　　　　　　　金额单位:元(列至角分)

类别	行次	项目	金额
利润总额计算	1	一、营业收入(填附表一)	
	2	减:营业成本(填附表二)	
	3	营业税金及附加	
	4	销售费用(填附表二)	
	5	管理费用(填附表二)	
	6	财务费用(填附表二)	
	7	资产减值损失	
	8	加:公允价值变动收益	
	9	投资收益	
	10	二、营业利润(1-2-3-4-5-6-7+8+9)	
	11	加:营业外收入(填附表一)	
	12	减:营业外支出(填附表二)	
	13	三、利润总额(10+11-12)	
应纳税所得额计算	14	加:纳税调整增加额(填附表三)	
	15	减:纳税调整减少额(填附表三)	
	16	其中:不征税收入	
	17	免税收入	
	18	减计收入	
	19	减、免税项目所得	
	20	加计扣除	
	21	抵扣应纳税所得额	
	22	加:境外应税所得弥补境内亏损	
	23	纳税调整后所得(13+14-15+22)	
	24	减:弥补以前年度亏损(填附表四)	
	25	应纳税所得额(23-24)	

(续表)

类别	行次	项目	金额
应纳税额计算	26	税率(25%)	
	27	应纳所得税额(25×26)	
	28	减:减免所得税额(填附表五)	
	29	减:抵免所得税额(填附表五)	
	30	应纳税额(27−28−29)	
	31	加:境外所得应纳所得税额(填附表六)	
	32	减:境外所得抵免所得税额(填附表六)	
	33	实际应纳所得税额(30+31−32)	
	34	减:本年累计实际已预缴的所得税额	
	35	其中:汇总纳税的总机构分摊预缴的税额	
	36	汇总纳税的总机构财政调库预缴的税额	
	37	汇总纳税的总机构所属分支机构分摊的预缴税额	
	37-1	其中:本市总机构所属本市分支机构分摊的预缴税额	
	38	合并纳税(母子体制)成员企业就地预缴比例	
	39	合并纳税企业就地预缴的所得税额	
	40	本年应补(退)的所得税额(33−34)	
附列资料	41	以前年度多缴的所得税额在本年抵减额	
	42	以前年度应缴未缴在本年入库所得税额	

谨声明:此纳税申报表是根据《中华人民共和国企业所得税法》《中华人民共和国企业所得税法实施条例》和国家有关税收规定填报的,是真实的、可靠的、完整的。

法定代表人(签字):   年 月 日

纳税人公章:	代理申报中介机构公章:	主管税务机关受理专用章:
经办人:	经办人及执业证件号码:	受理人:
申报日期: 年 月 日	代理申报日期: 年 月 日	受理日期: 年 月 日

填表说明:

一、第1行"营业收入":填报纳税人主要经营业务和其他业务所确认的收入总额。本项目应根据"主营业务收入"和"其他业务收入"科目的发生额分析填列。一般企业通过附表一(1)《收入明细表》计算填列;金融企业通过附表一(2)《金融企业收入明细表》计算填列;事业单位、社会团体、民办非企业单位、非营利组织通过附表一(3)《事业单位、社会团体、民办非企业单位收入明细表》的"收入总额"计算填列,包括按税法规定的不征税收入。

二、第2行"营业成本"项目,填报纳税人经营主要业务和其他业务发生的实际成本总额。本项目应根据"主营业务成本"和"其他业务成本"科目的发生额分析填列。一般企业通过附表二(1)《成本费用明细表》计算填列;金融企业通过附表二(2)《金融企业成本费用明细表》计算填列;事业单位、社会团体、民办非企业单位、非营利组织应通过附表一(3)《事业单位、社会团体、民办非企业单位收入明细表》和附表二(3)《事业单位、社会团体、民办非企业单位支出明细表》分析填报。

三、第3行"营业税金及附加":填报纳税人经营业务应负担的营业税、消费税、城市维护建设税、资源税、土地增值税和教育费附加等。本项目应根据"营业税金及附加"科目的发生额分析填列。

四、第4行"销售费用":填报纳税人在销售商品过程中发生的包装费、广告费等费用和为销售本企业商品而专设的销售机构的职工薪酬、业务费等经营费用。本项目应根据"销售费用"科目的发生额分析填列。

五、第5行"管理费用":填报纳税人为组织和管理生产经营发生的管理费用。本项目应根据"管理费用"科目的发生额分析填列。

六、第6行"财务费用"：填报纳税人为筹集生产经营所需资金等而发生的筹资费用。本项目应根据"财务费用"科目的发生额分析填列。

七、第7行"资产减值损失"：填报纳税人各项资产发生的减值损失。本项目应根据"资产减值损失"科目的发生额分析填列。

八、第8行"公允价值变动收益"：填报纳税人按照相关会计准则规定应当计入当期损益的资产或负债的公允价值变动收益，如交易性金融资产当期公允价值的变动额。本项目应根据"公允价值变动损益"科目的发生额分析填列，如为损失，本项目以"一"号填列。

九、第9行"投资收益"：填报纳税人以各种方式对外投资所取得的收益。本行应根据"投资收益"科目的发生额分析填列，如为损失，用"一"号填列。企业持有的交易性金融资产处置和出让时，处置收益部分应当自"公允价值变动损益"项目转出，列入本行，包括境外投资应纳税所得额。

十、第10行"营业利润"：填报纳税人当期的营业利润。根据上述行次计算填列。

十一、第11行"营业外收入"：填报纳税人发生的与其经营活动无直接关系的各项收入。除事业单位、社会团体、民办非企业单位外，其他企业通过附表一(1)《收入明细表》相关行次计算填报；金融企业通过附表一(2)《金融企业收入明细表》相关行次计算填报。

十二、第12行"营业外支出"：填报纳税人发生的与其经营活动无直接关系的各项支出。一般企业通过附表二(1)《成本费用明细表》相关行次计算填报；金融企业通过附表二(2)《金融企业成本费用明细表》相关行次计算填报。

十三、第13行"利润总额"：填报纳税人当期的利润总额。根据上述行次计算填列。金额等于第10+11－12行。

十四、第14行"纳税调整增加额"：填报纳税人未计入利润总额的应税收入项目、税收不允许扣除的支出项目、超出税收规定扣除标准的支出金额，以及资产类应纳税调整的项目，包括房地产开发企业按本期预售收入计算的预计利润等。纳税人根据附表三《纳税调整明细表》"调增金额"列计算填报。

十五、第15行"纳税调整减少额"：填报纳税人已计入利润总额，但税收规定可以暂不确认为应税收入的项目，以及在以前年度进行了纳税调增，根据税收规定从以前年度结转过来在本期扣除的项目金额。包括不征税收入、免税收入、减计收入以及房地产开发企业已转销售收入的预售收入按规定计算的预计利润等。纳税人根据附表三《纳税调整明细表》"调减金额"列计算填报。

十六、第16行"其中：不征税收入"：填报纳税人计入营业收入或营业外收入中的属于税收规定的财政拨款、依法收取并纳入财政管理的行政事业性收费、政府性基金以及国务院规定的其他不征税收入。

十七、第17行"其中：免税收入"：填报纳税人已并入利润总额中核算的符合税收规定免税条件的收入或收益。包括：国债利息收入；符合条件的居民企业之间的股息、红利等权益性投资收益；在中国境内设立机构、场所的非居民企业从居民企业取得与该机构、场所有实际联系的股息、红利等权益性投资收益；符合条件的非营利组织的收入。本行应根据"主营业务收入"、"其他业务收入"和"投资净收益"科目的发生额分析填列。

十八、第18行"其中：减计收入"：填报纳税人以《资源综合利用企业所得税优惠目录》规定的资源作为主要原材料，生产销售国家非限制和禁止并符合国家和行业相关标准的产品按10%的规定比例减计的收入。

十九、第19行"其中：减、免税项目所得"：填报纳税人按照税收规定应单独核算的减征、免征项目的所得额。

二十、第20行"其中：加计扣除"：填报纳税人当年实际发生的开发新技术、新产品、新工艺发生的研究开发费用，以及安置残疾人员和国家鼓励安置的其他就业人员所支付的工资。符合税收规定条件的，计算应纳税所得额按一定比例的加计扣除金额。

二十一、第21行"其中：抵扣应纳税所得额"：填报创业投资企业采取股权投资方式投资于未上市的中小高新技术企业2年以上的，可以按照其投资额的70%在股权持有满2年的当年抵扣该创业投资企业的应纳税所得额；当年不足抵扣的，可以在以后纳税年度结转抵扣。

二十二、第22行"加：境外应税所得弥补境内亏损"：依据《境外所得计征企业所得税暂行管理办法》

的规定,纳税人在计算缴纳企业所得税时,其境外营业机构的盈利可以弥补境内营业机构的亏损。即当"利润总额"加"纳税调整增加额"减"纳税调整减少额"为负数时,该行填报企业境外应税所得用于弥补境内亏损的部分,最大不得超过企业当年的全部境外应税所得;为正数时,如以前年度无亏损额,本行填零;如以前年度有亏损额,取应弥补以前年度亏损额的最大值,最大不得超过企业当年的全部境外应税所得。

二十三、第23行"纳税调整后所得":填报纳税人当期经过调整后的应纳税所得额。金额等于本表第13+14-15+22行。当本行为负数时,即为可结转以后年度弥补的亏损额(当年可弥补的所得额);如为正数时,应继续计算应纳税所得额。

二十四、第24行"弥补以前年度亏损":填报纳税人按税收规定可在税前弥补的以前年度亏损额。金额等于附表四《企业所得税弥补亏损明细表》第6行第10列。但不得超过本表第23行"纳税调整后所得"。

二十五、第25行"应纳税所得额":金额等于本表第23-24行。本行不得为负数,本表第23行或者依上述顺序计算结果为负数,本行金额填零。

二十六、第26行"税率":填报税法规定的税率25%。

二十七、第27行"应纳所得税额":金额等于本表第25×26行。

二十八、第28行"减免所得税额":填列纳税人按税收规定实际减免的企业所得税额。包括小型微利企业、国家需要重点扶持的高新技术企业、享受减免税优惠过渡政策的企业,其实际执行税率与法定税率的差额,以及经税务机关审批或备案的其他减免税优惠。金额等于附表五《税收优惠明细表》第33行。

二十九、第29行"抵免所得税额":填列纳税人购置用于环境保护、节能节水、安全生产等专用设备的投资额,其设备投资额的10%可以从企业当年的应纳税额中抵免;当年不足抵免的,可以在以后5个纳税年度结转抵免。金额等于附表五《税收优惠明细表》第40行。

三十、第30行"应纳税额":填报纳税人当期的应纳所得税额,根据上述有关的行次计算填列。金额等于本表第27-28-29行。

三十一、第31行"境外所得应纳所得税额":填报纳税人来源于中国境外的应纳税所得额(如分得的所得为税后利润应还原计算),按税法规定的税率(居民企业25%)计算的应纳所得税额。金额等于附表六《境外所得税抵免计算明细表》第10列合计数。

三十二、第32行"境外所得抵免所得税额":填报纳税人来源于中国境外的所得,依照税法规定计算的应纳所得税额,即抵免限额。

企业已在境外缴纳的所得税额,小于抵免限额的,"境外所得抵免所得税额"按其在境外实际缴纳的所得税额填列;大于抵免限额的,按抵免限额填列,超过抵免限额的部分,可以在以后五个年度内,用每年度抵免限额抵免当年应抵税额后的余额进行抵补。

可用境外所得弥补境内亏损的纳税人,其境外所得应纳税额公式中"境外应纳税所得额"项目和境外所得税税款扣除限额公式中"来源于某外国的所得"项目,为境外所得,不含弥补境内亏损部分。

三十三、第33行"实际应纳所得税额":填报纳税人当期的实际应纳所得税额。金额等于本表第30+31-32行。

三十四、第34行"本年累计实际已预缴的所得税额":填报纳税人按照税收规定本年已按月(季)累计预缴的所得税额。

三十五、第35行"其中:汇总纳税的总机构分摊预缴的税额":填报汇总纳税的总机构1至12月份(或1至4季度)分摊的在当地入库预缴税额。附报《中华人民共和国汇总纳税分支机构分配表》。

三十六、第36行"其中:汇总纳税的总机构财政调库预缴的税额":填报汇总纳税的总机构1至12月份(或1至4季度)分摊的缴入财政调节入库的预缴税额。附报《中华人民共和国汇总纳税分支机构分配表》。

三十七、第37行"其中:汇总纳税的总机构所属分支机构分摊的预缴税额":填报分支机构就地分摊预缴的税额。附报《中华人民共和国汇总纳税分支机构分配表》。

三十八、第38行"合并纳税(母子体制)成员企业就地预缴比例":填报经国务院批准的实行合并纳税(母子体制)的成员企业按规定就地预缴的比例。

三十九、第39行"合并纳税企业就地预缴的所得税额":填报合并纳税的成员企业就地应预缴的所

·····················

得税额。根据"实际应纳税额"和"预缴比例"计算填列。金额等于本表第33×38行。

四十、第40行"本年应补(退)的所得税额":填报纳税人当期应补(退)的所得税额。金额等于本表第33-34行。

四十一、第41行"以前年度多缴的所得税在本年抵减额":填报纳税人以前年度汇算清缴多缴的税款尚未办理退税的金额,且在本年抵缴的金额。

四十二、第42行"以前年度应缴未缴在本年入库所得额":填报纳税人以前年度损益调整税款、上一年度第四季度或第12月份预缴税款和汇算清缴的税款,在本年入库金额。

企业所得税年度纳税申报表附表一(1)
收入明细表

填报时间:　　年　　月　　日　　　　　　　　　　金额单位:　　　元(列至角分)

行次	项　　　　　　目	金　　额
1	一、销售(营业)收入合计(2+13)	
2	(一)营业收入合计(3+8)	
3	1.主营业务收入(4+5+6+7)	
4	(1)销售货物	
5	(2)提供劳务	
6	(3)让渡资产使用权	
7	(4)建造合同	
8	2.其他业务收入(9+10+11+12)	
9	(1)材料销售收入	
10	(2)代购代销手续费收入	
11	(3)包装物出租收入	
12	(4)其他	
13	(二)视同销售收入(14+15+16)	
14	1.非货币性交易视同销售收入	
15	2.货物、财产、劳务视同销售收入	
16	3.其他视同销售收入	
17	二、营业外收入(18+19+20+21+22+23+24+25+26)	
18	1.固定资产盘盈	
19	2.处置固定资产净收益	
20	3.非货币性资产交易收益	
21	4.出售无形资产收益	
22	5.罚款净收入	
23	6.债务重组收益	
24	7.政府补助收入	
25	8.捐赠收入	
26	9.其他	

经办人:(签章)　　　　　　　　　　　　　　法定代表人:(签章)

企业所得税年度纳税申报表附表一（2）

金融企业收入明细表

填报时间：　　年　　月　　日　　　　　　　　金额单位：　　　元（列至角分）

行次	项目	金额
1	一、营业收入(2+19+25+35)	
2	(一)银行业务收入(3+10+18)	
3	1.银行业利息收入(4+5+6+7+8+9)	
4	(1)存放同业	
5	(2)存放中央银行	
6	(3)拆出资金	
7	(4)发放贷款及垫款	
8	(5)买入返售金融资产	
9	(6)其他	
10	2.银行业手续费及佣金收入(11+12+13+14+15+16+17)	
11	(1)结算与清算手续费	
12	(2)代理业务手续费	
13	(3)信用承诺手续费及佣金	
14	(4)银行卡手续费	
15	(5)顾问和咨询费	
16	(6)托管及其他受托业务佣金	
17	(7)其他	
18	3.其他业务收入	
19	(二)保险业务收入(20+24)	
20	1.已赚保费(21－22－23)	
21	保费收入	
22	减:分出保费	
23	提取未到期责任准备金	
24	2.其他业务收入	
25	(三)证券业务收入(26+33+34)	
26	1.手续费及佣金收入(27+28+29+30+31+32)	
27	(1)证券承销业务收入	
28	(2)证券经纪业务收入	
29	(3)受托客户资产管理业务收入	
30	(4)代理兑付证券业务收入	
31	(5)代理保管证券业务收入	
32	(6)其他	
33	2.利息净收入	
34	3.其他业务收入	
35	(四)其他金融业务收入(36+37)	
36	1.业务收入	

（续表）

行次	项目	金额
37	2.其他业务收入	
38	二、视同销售收入(39+40+41)	
39	1.非货币性资产交换	
40	2.货物、财产、劳务视同销售收入	
41	3.其他视同销售收入	
42	三、营业外收入(43+44+45+46+47+48)	
43	1.固定资产盘盈	
44	2.处置固定资产净收益	
45	3.非货币性资产交易收益	
46	4.出售无形资产收益	
47	5.罚款净收入	
48	6.其他	

经办人：(签章)   法定代表人：(签章)

企业所得税年度纳税申报表附表一(3)
事业单位、社会团体、民办非企业单位收入明细表

填报时间：　　年　　月　　日　　　　　　金额单位：　　　　元(列至角分)

行次	项目	金额
1	一、收入总额(2+3+……+9)	
2	财政补助收入	
3	上级补助收入	
4	拨入专款	
5	事业收入	
6	经营收入	
7	附属单位缴款	
8	投资收益	
9	其他收入	
10	二、不征税收入总额(11+12+13+14)	
11	财政拨款	
12	行政事业性收费	
13	政府性基金	
14	其他	
15	三、应纳税收入总额(1-10)	
16	四、应纳税收入总额占全部收入总额比重(15÷1)	

经办人：(签章)   法定代表人：(签章)

企业所得税年度纳税申报表附表二(1)
成本费用明细表

填报时间：　　年　月　日　　　　　　　　　金额单位：　　元(列至角分)

行次	项　　　　目	金　额
1	一、销售(营业)成本合计(2+7+12)	
2	(一)主营业务成本(3+4+5+6)	
3	1.销售货物成本	
4	2.提供劳务成本	
5	3.让渡资产使用权成本	
6	4.建造合同成本	
7	(二)其他业务成本(8+9+10+11)	
8	1.材料销售成本	
9	2.代购代销费用	
10	3.包装物出租成本	
11	4.其他	
12	(三)视同销售成本(13+14+15)	
13	1.非货币性交易视同销售成本	
14	2.货物、财产、劳务视同销售成本	
15	3.其他视同销售成本	
16	二、营业外支出(17+18+……+24)	
17	1.固定资产盘亏	
18	2.处置固定资产净损失	
19	3.出售无形资产损失	
20	4.债务重组损失	
21	5.罚款支出	
22	6.非常损失	
23	7.捐赠支出	
24	8.其他	
25	三、期间费用(26+27+28)	
26	1.销售(营业)费用	
27	2.管理费用	
28	3.财务费用	

经办人：(签章)　　　　　　　　　　　　　　法定代表人：(签章)

企业所得税年度纳税申报表附表二(2)
金融企业成本费用明细表

填报时间：　年　月　日　　　　　　　　　金额单位：　　　元(列至角分)

行次	项　　目	金　额
1	一、营业成本(2＋17＋31＋38)	
2	(一)银行业务成本(3＋11＋15＋16)	
3	1.银行利息支出(4＋5＋…＋10)	
4	(1)同业存放	
5	(2)向中央银行借款	
6	(3)拆入资金	
7	(4)吸收存款	
8	(5)卖出回购金融资产	
9	(6)发行债券	
10	(7)其他	
11	2.银行手续费及佣金支出(12＋13＋14)	
12	(1)手续费支出	
13	(2)佣金支出	
14	(3)其他	
15	3.业务及管理费	
16	4.其他业务成本	
17	(二)保险业务支出(18＋30)	
18	1.业务支出(19＋20－21＋22－23＋24＋25＋26＋27－28＋29)	
19	(1)退保金	
20	(2)赔付支出	
21	减:摊回赔付支出	
22	(3)提取保险责任准备金	
23	减:摊回保险责任准备金	
24	(4)保单红利支出	
25	(5)分保费用	
26	(6)手续费及佣金支出	
27	(7)业务及管理费	
28	减:摊回分保费用	
29	(8)其他	
30	2.其他业务成本	

（续表）

行次	项　　　目	金　额
31	（三）证券业务支出（32＋36＋37）	
32	1.证券手续费支出（33＋34＋35）	
33	（1）证券经纪业务支出	
34	（2）佣金	
35	（3）其他	
36	2.业务及管理费	
37	3.其他业务成本	
38	（四）其他金融业务支出（39＋40）	
39	1.业务支出	
40	2.其他业务成本	
41	二、视同销售应确认成本（42＋43＋44）	
42	1.非货币性资产交换成本	
43	2.货物、财产、劳务视同销售成本	
44	3.其他视同销售成本	
45	三、营业外支出（46＋47＋48＋49＋50）	
46	1.固定资产盘亏	
47	2.处置固定资产净损失	
48	3.非货币性资产交易损失	
49	4.出售无形资产损失	
50	5.其他	

经办人：（签章）　　　　　　　　　法定代表人：（签章）

企业所得税年度纳税申报表附表二（3）
事业单位、社会团体、民办非企业单位支出明细表

填报时间：　年　月　日　　　　　金额单位：　元（列至角分）

行次	项　　　目	金　额
1	一、支出总额（2＋3＋……＋10）	
2	拨出经费	
3	上缴上级支出	
4	拨出专款	
5	专款支出	
6	事业支出	
7	经营支出	
8	对附属单位补助	
9	结转自筹基建	
10	其他支出	
11	二、不准扣除的支出总额	
12	（1）税收规定不允许扣除的支出项目金额	
13	（2）按分摊比例计算的支出项目金额	
14	三、准予扣除的支出总额	

经办人：（签章）　　　　　　　　　法定代表人：（签章）

企业所得税年度纳税申报表附表三

纳税调整明细表

填报时间：　　年　月　日　　　　　　　　　　　金额单位：　　　　　元(列至角分)

行次	项　　　目	账载金额	税收金额	调增金额	调减金额
		1	2	3	4
1	一、收入类调整项目	＊	＊		
2	1.视同销售收入(填附表一)	＊	＊		＊
＃3	2.接受捐赠收入	＊			＊
4	3.不符合税收规定的销售折扣和折让				＊
＊5	4.未按权责发生制原则确认的收入				
＊6	5.按权益法核算长期股权投资对初始投资成本调整确认收益	＊	＊	＊	
7	6.按权益法核算的长期股权投资持有期间的投资损益	＊	＊	＊	
＊8	7.特殊重组				
＊9	8.一般重组				
＊10	9.公允价值变动净收益(填附表七)	＊	＊		
11	10.确认为递延收益的政府补助				
12	11.境外应税所得(填写附表六)	＊	＊		
13	12.不允许扣除的境外投资损失	＊	＊		＊
14	13.不征税收入(填附表一)		＊	＊	＊
15	14.免税收入(填附表五)	＊	＊	＊	
16	15.减计收入(填附表五)	＊	＊	＊	
17	16.减、免税项目所得(填附表五)	＊	＊	＊	
18	17.抵扣应纳税所得额(填附表五)	＊	＊	＊	
19	18.其他				
20	二、扣除类调整项目	＊	＊		
21	1.视同销售成本(填附表二)	＊	＊	＊	
22	2.工资薪金支出				
23	3.职工福利费支出				
24	4.职工教育经费支出				
25	5.工会经费支出				
26	6.业务招待费支出				＊

（续表）

行次	项　　目	账载金额	税收金额	调增金额	调减金额
		1	2	3	4
27	7.广告费和业务宣传费支出（填附表八）	*	*		
28	8.捐赠支出				*
29	9.利息支出				
30	10.住房公积金				*
31	11.罚金、罚款和被没收财物的损失		*		*
32	12.税收滞纳金		*		*
33	13.赞助支出		*		*
34	14.各类基本社会保障性缴款				
35	15.补充养老保险、补充医疗保险				
36	16.与未实现融资收益相关在当期确认的财务费用				
37	17.与取得收入无关的支出		*		*
38	18.不征税收入用于支出所形成的费用		*		*
39	19.加计扣除（填附表五）	*	*	*	
40	20.其他				
41	三、资产类调整项目	*	*		
42	1.财产损失				
43	2.固定资产折旧（填附表九）	*	*		
44	3.生产性生物资产折旧（填附表九）	*	*		
45	4.长期待摊费用的摊销（填附表九）	*	*		
46	5.无形资产摊销（填附表九）	*	*		
47	6.投资转让、处置所得（填附表十一）	*	*		
48	7.油气勘探投资（填附表九）	*	*		
49	8.油气开发投资（填附表九）	*	*		
50	9.其他	*	*		
51	四、准备金调整项目（填附表十）	*	*		
52	五、房地产企业预售收入计算的预计利润	*	*		
53	六、特别纳税调整应税所得	*	*		*
54	七、其他	*	*		
55	合　　计	*	*		

经办人：（签章）　　　　　　　　　　　　　　法定代表人：（签章）

注：1、标有＊或♯的行次，纳税人分别按照适用的国家统一会计制度填报。

　　2、没有标注的行次，无论执行何种会计核算办法，有差异就填报相应行次，填＊号不可填列。

　　3、有二级附表的项目只填调增、调减金额，账载金额、税收金额不再填写。

企业所得税年度纳税申报表附表四

企业所得税弥补亏损明细表

填报时间：　　年　　月　　日　　　　　　　　　　金额单位：　　　　元(列至角分)

行次	项目	年度	盈利额或亏损额	合并分立企业转入可弥补亏损额	当年可弥补的所得额	以前年度亏损弥补额					本年度实际弥补的以前年度亏损额	可结转以后年度弥补亏损额
						前四年度	前三年度	前二年度	前一年度	合计		
		1	2	3	4	5	6	7	8	9	10	11
1	第一年											*
2	第二年					*						
3	第三年					*	*					
4	第四年					*	*	*				
5	第五年					*	*	*	*			
6	本年					*	*	*	*	*		
7	可结转以后年度弥补的亏损额合计											

经办人：(签章)　　　　　　　　　　　　　　　　法定代表人：(签章)

企业所得税年度纳税申报表附表五

税收优惠明细表

填报时间：　　年　　月　　日　　　　　　　　　　金额单位：　　　　元(列至角分)

行次	项　　　　目	金　额
1	一、免税收入(2+3+4+5)	
2	1. 国债利息收入	
3	2. 符合条件的居民企业之间的股息、红利等权益性投资收益	
4	3. 符合条件的非营利组织的收入	
5	4. 其他	
6	二、减计收入(7+8)	
7	1. 企业综合利用资源,生产符合国家产业政策规定的产品所取得的收入	
8	2. 其他	
9	三、加计扣除额合计(10+11+12+13)	
10	1. 开发新技术、新产品、新工艺发生的研究开发费用	
11	2. 安置残疾人员所支付的工资	
12	3. 国家鼓励安置的其他就业人员支付的工资	
13	4. 其他	
14	四、减免所得额合计(15+25+29+30+31+32)	
15	(一)免税所得(16+17+…+24)	

(续表)

行次	项 目	金 额
16	1. 蔬菜、谷物、薯类、油料、豆类、棉花、麻类、糖料、水果、坚果的种植	
17	2. 农作物新品种的选育	
18	3. 中药材的种植	
19	4. 林木的培育和种植	
20	5. 牲畜、家禽的饲养	
21	6. 林产品的采集	
22	7. 灌溉、农产品初加工、兽医、农技推广、农机作业和维修等农、林、牧、渔服务业项目	
23	8. 远洋捕捞	
24	9. 其他	
25	(二)减税所得(26+27+28)	
26	1. 花卉、茶以及其他饮料作物和香料作物的种植	
27	2. 海水养殖、内陆养殖	
28	3. 其他	
29	(三)从事国家重点扶持的公共基础设施项目投资经营的所得	
30	(四)从事符合条件的环境保护、节能节水项目的所得	
31	(五)符合条件的技术转让所得	
32	(六)其他	
33	五、减免税合计(34+35+36+37+38)	
34	(一)符合条件的小型微利企业	
35	(二)国家需要重点扶持的高新技术企业	
36	(三)民族自治地方的企业应缴纳的企业所得税中属于地方分享的部分	
37	(四)过渡期税收优惠	
38	(五)其他	
39	六、创业投资企业抵扣的应纳税所得额	
40	七、抵免所得税额合计(41+42+43+44)	
41	(一)企业购置用于环境保护专用设备的投资额抵免的税额	
42	(二)企业购置用于节能节水专用设备的投资额抵免的税额	
43	(三)企业购置用于安全生产专用设备的投资额抵免的税额	
44	(四)其他	
45	企业从业人数(全年平均人数)	
46	资产总额(全年平均数)	
47	所属行业(工业企业　其他企业　)	

经办人:(签章)　　　　　　　　　　法定代表人:(签章)

企业所得税年度纳税申报表附表六

境外所得税抵免计算明细表

填报时间：　　年　　月　　日　　　　　　金额单位：元(列至角分)

经办人：(签章)　　　　　　　　　　　　　　法定代表人：(签章)

抵免方式	国家或地区	境外所得	境外所得换算含税所得	弥补以前年度亏损	免税所得	弥补亏损前境外应税所得额	可弥补境内亏损	境外应纳税所得额	税率	境外所得应纳税额	境外所得抵免税额	境外所得税抵免限额	本年可抵免的境外所得税款	未超过境外所得税款抵免限额的余额	本年可抵免以前年度所得税额	前五年境外所得已缴税款未抵免余额	定率抵免
	1	2	3	4	5	6(3-4-5)	7	8(6-7)	9	10(8×9)	11	12	13	14(12-13)	15	16	17
直接抵免				*	*												
				*	*												
				*	*												
				*	*												
间接抵免														*	*	*	
														*	*	*	
														*	*	*	
														*		*	
合计																	

企业所得税年度纳税申报表附表七

以公允价值计量资产纳税调整表

填报时间：　年　月　日　　　　　　　　　　　　　　　金额单位：元（列至角分）

行次	资产种类	期初金额		期末金额		纳税调整额（纳税调减以"－"表示）
		账载金额（公允价值）	计税基础	账载金额（公允价值）	计税基础	
		1	2	3	4	5
1	一、公允价值计量且其变动计入当期损益的金融资产					
2	1.交易性金融资产					
3	2.衍生金融工具					
4	3.其他以公允价值计量的金融资产					
5	二、公允价值计量且其变动计入当期损益的金融负债					
6	1.交易性金融负债					
7	2.衍生金融工具					
8	3.其他以公允价值计量的金融负债					
9	三、投资性房地产					
10	合计					

经办人：（签章）　　　　　　　　　　　　　　　　　　　　　法定代表人：（签章）

企业所得税年度纳税申报表附表八
广告费和业务宣传费跨年度纳税调整表

填报时间：　年　月　日　　　　　　　金额单位：　元(列至角分)

行次	项　　目	金　额
1	本年度广告费和业务宣传费支出	
2	其中：不允许扣除的广告费和业务宣传费支出	
3	本年度符合条件的广告费和业务宣传费支出(1-2)	
4	本年计算广告费和业务宣传费扣除限额的销售(营业)收入	
5	税收规定的扣除率	
6	本年广告费和业务宣传费扣除限额(4×5)	
7	本年广告费和业务宣传费支出纳税调整额(3≤6,本行=2行;3>6,本行=1-6)	
8	本年结转以后年度扣除额(3>6,本行=3-6;3≤6,本行=0)	
9	加:以前年度累计结转扣除额	
10	减:本年扣除的以前年度结转额	
11	累计结转以后年度扣除额(8+9-10)	0

经办人：(签章)　　　　　　　　　　法定代表人：(签章)

企业所得税年度纳税申报表附表九
资产折旧、摊销纳税调整明细表

填报时间：　年　月　日　　　　　　金额单位：　元(列至角分)

行次	资产类别	资产原值 账载金额	资产原值 计税基础	折旧、摊销年限 会计	折旧、摊销年限 税收	本期折旧、摊销额 会计	本期折旧、摊销额 税收	纳税调整额
		1	2	3	4	5	6	7
1	一、固定资产			*	*			
2	1.房屋建筑物							
3	2.飞机、火车、轮船、机器、机械和其他生产设备							0
4	3.与生产经营有关的器具工具家具							
5	4.飞机、火车、轮船以外的运输工具							
6	5.电子设备							
7	二、生产性生物资产			*	*			
8	1.林木类							
9	2.畜类							
10	三、长期待摊费用			*	*			
11	1.已足额提取折旧的固定资产的改建支出							
12	2.租入固定资产的改建支出							

（续表）

行次	资产类别	资产原值		折旧、摊销年限		本期折旧、摊销额		纳税调整额
		账载金额	计税基础	会计	税收	会计	税收	
		1	2	3	4	5	6	7
13	3.固定资产大修理支出							
14	4.其他长期待摊费用							
15	四、无形资产							
16	五、油气勘探投资							
17	六、油气开发投资							
18	合计			*	*			

经办人：（签章） 法定代表人：（签章）

企业所得税年度纳税申报表附表十
资产减值准备项目调整明细表

填报时间： 年 月 日 金额单位： 元(列至角分)

行次	准备金类别	期初余额	本期转回额	本期计提额	期末余额	纳税调整额
		1	2	3	4	5
1	坏(呆)账准备					
2	存货跌价准备					
3	*其中:消耗性生物资产减值准备					
4	*持有至到期投资减值准备					
5	*可供出售金融资产减值		—			
6	♯短期投资跌价准备					
7	长期股权投资减值准备					
8	*投资性房地产减值准备					
9	固定资产减值准备					
10	在建工程(工程物资)减值准备					
11	*生产性生物资产减值准备					
12	无形资产减值准备					
13	商誉减值准备					
14	贷款损失准备					
15	矿区权益减值					
16	其他					
17	合计					

注:表中 * 项目为执行新会计准则企业专用;表中加 ♯ 项目为执行企业会计制度、小企业会计制度
  的企业专用。

经办人：（签章） 法定代表人：（签章）

企业所得税年度纳税申报表附表十一
长期股权投资所得（损失）明细表

填报时间： 年 月 日　　　　　　　金额单位： 元（列至角分）

行次	被投资企业	期初投资额	本年度增（减）投资额	投资成本		会计核算投资收益	股息红利				投资转让所得（损失）					
				初始投资成本	权益法核算对初始投资成本调整产生的收益		会计投资损益	税收确认的股息红利收入		会计与税收的差异	投资转让净收入	投资转让的会计成本	投资转让的税收成本	会计上确认的转让所得或损失	按税收计算的投资转让所得或损失	会计与税收的差异
								免税收入	全额征税收入							
	1	2	3	4	5	6(7＋14)	7	8	9	10(7－8－9)	11	12	13	14(11－12)	15(11－13)	16(14－15)
1																
2																
3																
4																
5																
6																
7																
8																
合计																

投资损失补充资料

行次	项目	年度	当年度结转金额	已弥补金额	本年度弥补金额	结转以后年度待弥补金额
1	第一年					
2	第二年					
3	第三年					
4	第四年					
5	第五年					

以前年度结转在本年度税前扣除的股权投资转让损失

备注：

经办人：（签章）　　　　　　　　　　　　　　　法定代表人：（签章）

项目七

个人所得税纳税实务

知识目标

1.正确区分个人所得税纳税义务人；

2.掌握个人所得税征税范围；

3.掌握个人所得税率制度；

4.掌握个人所得税的计税依据与应纳税额的计算；

5.掌握个人所得税的税收优惠政策；

6.熟悉个人所得税的征收方式。

能力目标

1.能正确辨别居民纳税人、非居民纳税人及个人所得税税目；

2.能根据个人所得项目资料正确计算应纳税所得额；

3.能根据个人所得项目资料正确计算应纳税额；

4.能正确运用并计算个人所得税抵免方法和税收优惠政策；

5.能正确填制个人所得税纳税申报表和扣缴报告；

6.能为企业办理个人所得税扣缴业务；

7.能代个人办理个人所得税自行申报业务；

8.独立到当地地税局网站下载个人所得税纳税申报表及附表。

知识小结

1.关键术语

个人所得税、分项所得税制度,个人应税所得来源地、住所标准、时间标准,居民纳税义务人、非居民纳税义务人、工资薪金所得、个体工商户生产经营所得,对企事业承包、承租经营所得,劳务报酬所得、稿酬所得、特许权使用费所得、财产租赁所得、财产转让所得,利息、股息、红利所得,偶然所得、超额累进税率、个人所得税抵免限额、扣缴税款、自行申报。

2．本章重点、难点

本章重点：不同个人所得税纳税义务人纳税义务的界定、个人应税所得来源地的确定、不同应税所得项目应纳税所得额的确定、不同应税所得项目应纳税额的计算方法、个人所得税税收优惠下应纳税额的计算。

本章难点：不同应税所得项目应纳税额的计算方法。

能力训练

一、单项选择题

1．我国个人所得税（　　）。

A．只对我国公民征收　　　　　　　　B．只对我国境内的外籍公民征收

C．只对我国居民征收　　　　　　　　D．以上都不对

2．演员王某将其劳务报酬10万元中的3万元直接捐赠给某山村小学购买文具，其用于捐赠的3万元（　　）。

A．免征个人所得税　　　　　　　　　B．其中2.4万元可以免税

C．不能免征个人所得税　　　　　　　D．以上答案都不对

3．在中国境内无住所，但在一个纳税年度内在中国境内累计居住不超过90日的个人，应具有的纳税义务是（　　）。

A．来源于中国境内、境外的所得全部免征个人所得税

B．来源于中国境内的所得免征个人所得税

C．就其来源于中国境外的所得免征个人所得税

D．就其来源于中国境内的所得由境内雇主支付的部分征收个人所得税

4．在计算应纳税所得额时，允许在所得中扣除费用的是（　　）。

A．劳务报酬所得　　　　　　　　　　B．利息所得

C．彩票中奖所得　　　　　　　　　　D．股息、红利所得

5．演员孙某举办个人演唱会，一次性获得表演收入300 000元，其应纳个人所得税税额为（　　）元。

A．120 000　　　　B．113 000　　　　C．89 000　　　　D．118 000

6．一般说来，居民纳税人应就其来源于中国境内、境外的所得缴纳个人所得税；非居民纳税人仅就来源于中国境内的所得缴纳个人所得税。下列收入中属于中国境内所得的是（　　）。

A．提供专利权、非专利技术、商标权、著作权，以及其他特许权在中国境外使用的所得

B．因任职、受雇、履约等而在中国境外提供各种劳务取得的劳务报酬所得

C．将财产出租给承租人在中国境内使用而取得的所得

D．转让境外的建筑物、土地使用权等财产给我国居民纳税人而取得的所得

7.王先生有一商铺,2013 年 1 月将商铺出租,扣除有关税费后(不含以下修理费用),全年取得租金净收入 36 000 元。2013 年 7 月,王先生对出租商铺维修花费了 4 800 元。王先生 2013 年度的租赁所得应缴纳个人所得税(　　)元。

A.2 160　　　　　B.4 320　　　　　C.4 520　　　　　D.2 760

8.王教授的科研成果获得市政府颁布的科学技术进步奖 10 000 元,该笔所得应(　　)。

A.免征个人所得税

B.征收个人所得税

C.减半征收个人所得税

D.由当地税务机关确定是否征税

9.下列所得可实行加成征收的是(　　)。

A.稿酬所得　　　　　　　　　　B.偶然所得

C.劳务报酬所得　　　　　　　　D.股息红利所得

10.出租汽车经营单位将出租汽车所有权转移给驾驶员的,出租汽车驾驶员从事客货运营取得的收入,比照(　　)项目征收个人所得税。

A.个体工商户的生产、经营所得

B.对企事业单位的承包经营、承租经营所得

C.财产租赁所得

D.工资、薪金所得

11.下列人员在中国境内无住所,(　　)属于中国居民纳税人。

A.外籍人员汤姆 2012 年 10 月 1 日入境,2013 年 12 月 1 日离境

B.外籍人员玛丽 2013 年 1 月 1 日入境,2013 年 12 月 31 日离境

C.外籍人员贝森 2012 年 10 月 1 日入境,2013 年 12 月 1 日离境

D.外籍人员史密斯来华旅游 90 日

12.根据个人所得税法律制度的规定,下列(　　)属于税法中规定的工资、薪金所得。

A.独生子女费　　　　　　　　　B.劳动分红

C.托儿补助　　　　　　　　　　D.差旅费津贴

13.下列各项中,(　　)不应按特许权使用费所得征收个人所得税。

A.著作权　　　　　　　　　　　B.商标权

C.非专利技术　　　　　　　　　D.稿酬

14.工资、薪金所得适用(　　)的超额累进税率。

A.5%～35%　　　B.20%～40%　　　C.3%～45%　　　D.5%～45%

15.根据个人所得税法律制度的规定,下列(　　)项目计征个人所得税时,允许从收入总额中减除费用 800 元。

A.个人取得 4 000 元财产转让所得

B.提供咨询服务一次取得收入 3 500 元

C. 个人取得 5 000 元劳务报酬

D. 个人取得 5 000 元承包费

16. 中国公民李远 2013 年 11 月取得工资收入 4 500 元,按照个人所得税法相关规定,李远当月应纳的个人所得税为(　　)。

A. 30　　　　　　　B. 50　　　　　　　C. 0　　　　　　　D. 175

17. 我国现行的个人所得税实行个人自行申报与单位(　　)的征收方式。

A. 代扣代缴　　　B. 汇总缴纳　　　C. 代收代缴　　　D. 委托代征

18. 根据个人所得税法律制度的规定,下列个人所得中,(　　)应缴纳个人所得税。

A. 财产租赁所得　　　　　　　　　B. 保险赔款

C. 储蓄存款利息　　　　　　　　　D. 国债利息

19. 中国作家王某 2013 年撰写的一篇小说,在某日报上连载三个月,第一个月末收到稿酬 2 500 元,第二个月末又收到稿酬 2 500 元,第三个月末收到稿酬 1 600 元。王某三个月所获稿酬应缴纳的个人所得税为(　　)元。

A. 588　　　　　　B. 1 056　　　　　C. 840　　　　　　D. 739.2

20. 根据个人所得税法律制度的规定,国家对(　　)项目暂免征收个人所得税。

A. 房屋转让所得　　　　　　　　　B. 出售版权所得

C. 股票转让所得　　　　　　　　　D. 股息所得

二、多项选择题

1. 下列纳税义务人中,应就其境内、境外全部所得缴纳个人所得税的是(　　)。

A. 2012 年 10 月 5 日至 2013 年 2 月 8 日在华工作的外国专家

B. 2013 年 1 月 1 日至 2013 年 12 月 31 日在华工作的外国专家

C. 定居境内的我国公民

D. 出国学习的我国公民

2. 下列项目中,在计征工资薪金项目个人所得税时不用计税的是(　　)。

A. 奖金　　　　　　　　　　　　　B. 独生子女费

C. 按国家规定发放的退休工资　　　D. 托儿补助费

3. 根据个人所得税法律制度的规定,下列(　　)项目按每次取得的收入计算征税。

A. 劳务报酬所得　　　　　　　　　B. 稿酬所得

C. 企事业单位承包承租经营所得　　D. 财产租赁所得

4. 按"收入总额 4 000 元以下扣除费用 800 元,超过 4 000 元扣除 20%"的方式扣除附加费用的应税项目是(　　)。

A. 劳务报酬所得　　　　　　　　　B. 稿酬所得

C. 财产租赁所得　　　　　　　　　D. 特许权使用费所得

5. 根据个人所得税申报和缴纳的有关规定,下列说法正确的有(　　)。

A. 纳税人在两处或两处以上取得工资、薪金所得的,可选择并固定在一地税务机关申报纳税

B. 所有的工资薪金所得都是按月计征,在次月 15 日内缴入国库

C. 个人在 1 年内分次取得承包经营、承租经营所得的,应在取得每次所得后的 7 日内预缴税款,年度终了后 5 个月内汇算清缴,多退少补

D. 劳务报酬所得属于同一项目连续性收入的,以 1 个月内取得的收入为一次,据以确定应纳税所得额

6. 下列应税所得中,按次计算纳税的是(　　)。

A. 财产转让所得　　　　　　　　B. 劳务报酬所得

C. 财产租赁所得　　　　　　　　D. 稿酬所得

7. 下列有关个体工商户计算缴纳个人所得税的表述,正确的有(　　)。

A. 向其从业人员实际支付的合理的工资、薪金支出,允许税前据实扣除

B. 每一纳税年度发生的与其生产经营业务直接相关的业务招待费支出,按照发生额的 50% 扣除

C. 每一纳税年度发生的广告费和业务宣传费不超过当年销售(营业)收入 15% 的部分,可据实扣除,超过部分,准予在以后纳税年度结转扣除

D. 个体工商户在生产、经营期间借款利息支出,未超过中国人民银行规定的同类、同期贷款利率计算的数额部分,准予扣除。

8. 下列属于稿酬所得项目的有(　　)。

A. 出版学术著作取得的报酬

B. 在文学刊物上发表评论文章取得的报酬

C. 因摄影作品被杂志作为封面而取得的报酬

D. 在报纸上发表文章取得的报酬

9. 下列各项中,纳税义务人应自行申报纳税的是(　　)。

A. 在两处以上取得工资、薪金所得

B. 取得应纳税所得,没有扣缴义务人

C. 分笔取得属于一次性的劳务报酬所得、稿酬所得、特许权使用费所得和财产租赁所得

D. 取得应纳税所得,扣缴义务人未按规定扣缴税款

10. 根据个人所得税法律制度的规定,对企事业单位的承包、承租经营所得的税务处理办法正确的有(　　)。

A. 对企事业单位的承包、承租经营所得适用五级超额累计税率

B. 企事业单位的承包经营、承租经营的收入总额是指纳税义务人按照承包经营、承租经营合同规定分得的经营利润和工资、薪金性质的所得

C. 纳税人的承包期在一个纳税年度内,经营期不足 12 个月的,应将收入换算为 12 个月计算缴纳个人所得税

D. 承包人对被承包企业经营成果不拥有所有权,仅是按合同规定取得一定所得,其所得按"工资、薪金"项目征税

11.根据个人所得税法律制度的规定,其纳税义务人包括(　　)。

A.外籍个人　　　　　　　　　　B.中国公民

C.个体工商户　　　　　　　　　D.香港、澳门、台湾同胞

12.下列各项中,(　　)属于个人所得税劳务报酬所得。

A.演员"走穴"演出收入　　　　　B.教师举办假期培训班收入

C.会计人员兼职收入　　　　　　D.现场书画收入

13.下列各项中,应按特许权使用费所得征收个人所得税的有(　　)。

A.非专利技术　　　　　　　　　B.提供著作权的使用权取得的所得

C.稿酬　　　　　　　　　　　　D.商标

14.根据个人所得税法律制度的规定,下列(　　)项目适用20%的比例税率。

A.财产租赁所得　　　　　　　　B.财产转让所得

C.偶然所得　　　　　　　　　　D.稿酬所得

15.根据个人所得税法律制度的规定,张某2013年11月取得的下列所得,不需要缴纳个人所得税的有(　　)。

A.取得到期国债收入1 440元　　B.一次性取得讲学收入600元

C.一次性取得稿酬4 000元　　　D.取得单张有奖发票奖金800元

16.根据个人所得税法律制度的规定,下列(　　)项目,免征或暂免征收个人所得税。

A.外籍个人以现金形式取得的住房补贴和伙食补贴

B.福利费、抚恤金、救济金

C.外籍个人按合理标准取得的境内、境外出差补贴。

D.保险赔款

17.下列(　　)项目的津贴和补贴不予征收个人所得税。

A.误餐补助　　　　　　　　　　B.差旅费津贴

C.独生子女补贴　　　　　　　　D.院士津贴

18.根据个人所得税法律制度的规定,下列(　　)项目适用超额累进税率。

A.工资、薪金所得

B.劳务报酬所得

C.合伙企业投资者的生产经营所得

D.个体工商户的生产经营所得

19.下列各项中,适用税率为20%的比例税率的有(　　)。

A.工资、薪金所得　　　　　　　B.利息所得

C.财产转让所得　　　　　　　　D.财产租赁所得

20.根据个人所得税法的规定,省级人民政府、国务院部委和中国人民解放军军以上单位以及外国组织、国际组织颁发的(　　)等方面的奖金,免征个人所得税。

A.科学　　　　B.技术　　　　C.环境保护　　　　D.体育

三、判断题

1.某外籍专家在我国境内进行技术指导期间,其境外派遣单位支付给他的工资应属

于来源于境外的所得。　　　　　　　　　　　　　　　　　　　　　　　（　　）

2.小王 2011 年在美国留学,已有两年未回国内居住地居住,因而小王不属于我国居民纳税义务人。　　　　　　　　　　　　　　　　　　　　　　　（　　）

3.自 2001 年 7 月 1 日起,个人通过非营利的社会团体和国家机关向农村义务教育的捐赠,在计算缴纳个人所得税时,准予在税前的所得额中全额扣除。　　（　　）

4.美国专家约翰于 2012 年 4 月 20 日到中国工作,2013 年 4 月 21 日合同期满回国,在此期间该专家为中国的居民纳税义务人。　　　　　　　　　　　　（　　）

5.购买福利彩票所得奖金应按"偶然所得"征收个人所得税。　　　　　（　　）

6.自 2008 年 3 月 1 日起,对个人出租住房取得的所得减按 10％的税率征收个人所得税。　　　　　　　　　　　　　　　　　　　　　　　　　　　　（　　）

7.个人独资企业和合伙企业投资者应向企业实际经营管理所在地主管税务机关申报缴纳个人所得税。　　　　　　　　　　　　　　　　　　　　　　　　（　　）

8.个人一次性取得的数月奖金、年终加薪或劳动分红,实行年薪制和绩效工资的单位年终兑现的年薪和绩效工资,可将其单独作为一个月的工资、薪金所得,计算纳税。　　（　　）

9.某作家将小说在文学月刊上连载,每月取得稿酬 1 000 元,共连载 10 个月。其应纳个人所得税税额是(1 000－800)×20％×(1－30％)×10＝280 元。　　　（　　）

10.工资薪金所得、股息所得及财产转让所得承包承租经营所得适用超额累进税率形式。　　　　　　　　　　　　　　　　　　　　　　　　　　　　　　　（　　）

11.自 2008 年 10 月 9 日(含)起,暂免征收储蓄存款利息所得的个人所得税。（　　）

12.对个人购买福利彩票、赈灾彩票、体育彩票,一次中奖收入在 1 万元以下的(含 1 万元)暂免征收个人所得税,超过 1 万元,就超过部分按偶然所得征收个人所得税。（　　）

13.根据个人所得税法律制度的规定,转让自用 5 年以上并且是家庭唯一生活用房取得的收入暂免征收个人所得税。　　　　　　　　　　　　　　　　　　（　　）

14.外籍个人以非现金形式或者实报实销形式取得的住房补贴、伙食补贴、搬迁费、洗衣费也应并入工资、薪金所得征收个人所得税。　　　　　　　　　　　（　　）

15.同一作品出版、发表后,因添加印数而追加稿酬的,应与以前出版、发表时取得的稿酬合并计算为一次,计征个人所得税。　　　　　　　　　　　　　　（　　）

16.根据个人所得税法律制度的规定,个人按照国家规定缴付的住房公积金、基本医疗保险费、基本养老保险费、失业保险费,可以从纳税义务人的应纳税所得额中扣除。但是,单位按照国家规定为个人缴付的住房公积金、基本医疗保险费、基本养老保险费、失业保险费,不得从纳税义务人的应纳税所得额中扣除。　　　　　　　　　（　　）

17.国家对残疾人员、孤老人员和烈属的所得免予征收个人所得税。　（　　）

18.根据个人所得税法律制度的规定,对外籍个人从外商投资企业取得的股息、红利所得暂免征收个人所得税。　　　　　　　　　　　　　　　　　　　　（　　）

19.通过民间科研协会来华工作的专家,其工资、薪金所得由该国政府机构负担的,取得的工资、薪金所得经批准可减征个人所得税。　　　　　　　　　　　（　　）

20.根据个人所得税法律制度的规定,利息、股息、红利所得以收入全额作为应纳税所得额,不扣除任何费用。   (   )

◆ 任务驱动

【工作任务1】   中国公民孙刚受国内某单位派遣,任常驻某外商投资企业的高级工程师,2012年4月孙某有以下个人所得:

(1)雇佣单位支付其工资15 000元。

(2)派遣单位支付其工资2 400元。

(3)业余时间为另一单位搞工程设计,取得设计费18 000元。

孙某对个人所得税了解不多,请你为孙某计算2012年4月应缴纳的个人所得税税额并为其解释在哪些环节缴纳。

【工作任务2】   中国公民李涛系自由职业者,2012年收入情况如下:

(1)出版中篇小说一部,取得稿酬50 000元,后因小说加印和报刊连载,分别取得出版社稿酬10 000元和报社稿酬3 800元。

(2)受托对一电影剧本进行审核,取得审稿收入15 000元。

(3)为某展览会担任翻译,取得收入3 000元。

(4)在A国讲学取得收入30 000元,在B国书画展卖画取得收入70 000元,已分别按收入来源国税法规定缴纳了个人所得税5 000元和18 000元。

请你为李某计算一下2012年应缴纳的个人所得税税额并指出每笔收入如何缴纳税款。

【工作任务3】   天宇公司是一家个人独资企业,2012年全年销售收入为1 000万元;销售成本和期间费用760万元,其中业务招待费10万元、广告费15万元、业务宣传费8万元、投资者工资3万元;增值税以外的各种税费150万元,没有其他涉税调整事项。

请你为该独资企业计算缴纳2012年个人所得税并办理纳税事宜。

【工作任务4】   王海于2012年5月28日至6月4日为某大厦设计一个规划图,协议规定按完工进度分3次付款,5月份分别支付10 000元、15 000元,6月份支付3 500元;7月份提供装潢获得收入5 000元,除个人所得税外不考虑其他税费。

请你为李某计算设计业务、装潢业务分别缴纳的个人所得税税额。

【工作任务5】   中国一画家刘某2012年在某国出版作品集,共取得稿酬收入折合人民币90 000元,已经按该国的税法缴纳了个人所得税6 000元。该画家通过民政部门向我国某受灾地区捐款20 000元,该画家应就此项收入向国内补缴个人所得税。

请你为画家刘某计算国内应补缴的个人所得税税额并办理纳税事项。

【工作任务6】   公民李山为一家企业的法定代表人,2013年取得以下收入:

(1)该企业实行年薪制,李山每月取得工资5 000元,12月取得年终效益工资64 000元。

(2)李山根据自己的创业心得,编写的长篇小说出版,按合同约定,出版社向李山预付稿酬 10 000 元,作品出版后再付稿酬 50 000 元;当年李山还授权某晚报连载该小说,历时 2 个月,每天支付稿酬 180 元,共获得稿酬 10 800 元。

(3)当年一月份将闲置的一套住房对外出租,租期一年,取得年租金收入 96 000 元,当期未发生修缮费用(仅考虑房产税,不考虑其他税费)。

(4)从 A 国取得股息所得(税前)折合人民币 8 000 元,已在 A 国缴纳个人所得税 400 元;从 B 国取得翻译所得(税前)人民币 60 000 元,已在 B 国缴纳个人所得税 18 000 元。

(5)12 月,转让境内上市公司的限售股取得收入 40 000 元,已知该限售股的原值是 30 000 元,转让时相关税费 280 元。

李山由于工作繁忙,不熟悉税法,现委托你帮忙计算每项业务应纳的个人所得税,并向其解释每项税费应如何缴纳。

纳税申报实务

一、实训学时:4 学时

二、实训类型:项目实训

三、实训目的

随着居民收入显著提高,个人所得税的税源增长显著,在地方税收中已占据重要地位。通过本项目实训,使学生熟悉个人所得税的税目,掌握个人各项应税所得应纳税额的计算,熟悉个人所得税的两种缴纳方法,了解个人所得税的税收优惠政策,掌握个人所得税申报表和个人所得税扣缴报告表的填写。

四、能力目标

1.能正确辨别居民纳税人、非居民纳税人及个人所得税税目。

2.能对纳税人是否需要自行申报个人所得税进行正确的职业判断。

3.能根据个人所得应税项目资料正确计算应纳税所得额。

4.能够正确计算各应税项目的个人所得税应纳税额。

5.能正确填制自行申报个人所得税纳税申报表并为他人办理纳税申报。

6.能正确填制扣缴个人所得税报告表并为企业办理个人所得税扣缴业务。

五、实训操作流程

确定对象──→明确时间──→领取申报表──→办理申报──→税款缴纳

六、实训内容

1.首先要了解个人所得税的征税对象、征税范围、应纳税所得额和应纳税额的计算以及其他需要掌握的基础理论知识。

2.对企业有基本的了解,掌握工资、薪金的计算和应纳税所得额的计算。

3.熟悉个人所得税扣缴税款的项目范围,掌握扣缴报告表的填制方法。

4.熟悉个人所得税自行申报的范围,掌握自行申报纳税申报表的填制方法。

七、实训资料

【7-1】 宏发有限责任公司是石家庄新华区一家服装商店,法定代表人陈新海,会计

主管李胜利,办税员张丽,地址为石家庄市裕华路 999 号,电话 87445555。现有 10 名员工,2013 年 5 月份工资情况如表 7-1 所示,请你代宏发公司扣缴个人所得税,并填报个人所得税扣缴报告表。

表 7-1　　　　　　　　　宏发员工 2013 年 5 月工资情况表

姓名	基本工资	独生子女费	误餐费	托儿补助费	住房公积金	医疗保险费	个人所得税	实发工资
张海峰	5610.37	10	200	0	392	796		
李志远	5468.82	10	200	300	378	789		
王泉涌	5468.22	10	180	0	378	783		
赵胜利	5396.37	10	180	0	377	759		
刘玉香	4451.10	10	160	300	311	692		
李玉钰	3329.11	0	200	0	233	654		
孙明辉	2281.93	0	190	0	342	547		
刘章	3961.36	10	200	300	444	670		
张丽	5206.62	0	100	0	364	735		
詹姆斯(美)	7820.00	0	400	0	0	0		
合计								

【7-2】　中国航天研究所为事业单位,单位税务代码为13010619720324789066,其正高级研究员陈海东先生,职务为副所长,身份证号为130109196012044560,联系电话13833177966,2012 年收入情况如下:

(1)航天研究所每月支付其工资 7 320 元,另按规定每月领取政府津贴 100 元。

(2)在国内专业杂志上发表文章两篇,分别取得稿酬收入 1 200 元和 700 元。

(3)与中山大学王教授合著一本专业著作,取得稿酬收入 20 000 元,其中陈先生分得稿酬 12 000 元,并拿出 3 000 元捐赠给希望工程基金会。

(4)在 A 国某大学讲学取得酬金折合人民币 30 000 元,已按 A 国税法规定缴纳个人所得税折合人民币 2 000 元。

(5)12 月份为某集团公司做专题讲座四次,每次 2 000 元。

(6)陈先生 12 月 31 日将其拥有的两处住房中的一套已使用 7 年的住房出售,转让收入 1 220 000 元,该房产造价 760 000 元,另支付交易费用等相关费用 64 000 元。

(7)私有住房出租 1 年,每月取得租金收入 3 000 元,当年 3 月发生租房装修费用 2 000元。

请你根据上述资料分项计算陈先生当年应缴纳的个人所得税税额并指出每项应纳税额的缴纳方法。

任务1　个人所得税扣缴

任务描述

1.能正确计算企业职工工资、薪金所得应纳税所得额。

2.能正确计算企业职工工资、薪金所得应纳个人所得税额。

3.能够正确判断工资、薪金所得应纳个人所得税的扣缴义务人。

4.能正确填写扣缴个人所得税报告表。

5.能独立下载个人所得税纳税申报相关表格。

任务资料

1.宏发有限责任公司基本情况。（见实训资料【7-1】）

2.相关表格:扣缴个人所得税报告表。

理论指导

个人所得税是对在中国境内有住所,或者虽无住所但在境内居住满一年的个人,从中国境内和境外取得的所得征收的一种税;对在中国境内无住所而又不居住,或无住所且居住不满1年的个人,应就其来源于中国境内的所得,向中国缴纳个人所得税。

个人所得税的特点:实行分类征收;累进税率与比例税率并用;费用扣除较宽;计算简便;采取源泉扣税和申报纳税两种征纳方法。

一、个人所得税的代扣代缴

纳税义务人的11个应税所得项目中,除个体工商户的生产、经营所得之外,均属代扣代缴范围,即由雇佣单位按照税法的规定代扣代缴。凡支付个人应纳税所得的企业(公司)、事业单位、机关、社团组织、军队、驻华机构、个体户等单位或者个人,为个人所得税的扣缴义务人。税务机关应根据扣缴义务人所扣缴的税款,付给2%的手续费,由扣缴义务人用于代扣代缴费用开支和奖励代扣代缴工作做得较好的办税人员。扣缴义务人在履行扣缴义务时,应注意以下事项:

1.扣缴义务人向个人支付应纳税所得(包括现金、实物和有价证券)时,不论纳税人是否属于本单位人员,均应代扣代缴其应纳的个人所得税税款。

2.扣缴义务人应设立代扣代缴税款账簿,正确反映个人所得税扣缴情况。

3.实行代扣代缴个人所得税的,须填写"个人所得税扣缴申报表",并在每月申报时应附报包括每一纳税人姓名、单位、收入、税款等内容的代扣代缴个人所得税账簿。

二、个人所得税纳税申报表的填制

个人所得税申报表主要设置了七类九种,其中较常用的为前七种:

1.个人所得税月份申报表;

2.个人所得税年度申报表;

3.个人所得税扣缴税款报告表;

4.个人独资企业和合伙企业投资者个人所得税申报表;

5.特定行业个人所得税月份申报表;

6.特定行业个人所得税年度申报表;

7.个体工商户所得税年度申报表;

8.个体工商户所得税月份申报表;

9.个人所得税税收缴款书。

任务2 个人所得税自行申报

◆ 任务描述

1.能正确计算陈某各应税项目应纳税所得额。

2.能正确计算陈某各应税项目应纳所得税额。

3.正确判断各应税项目的纳税申报方式,如果为代扣代缴,指出扣缴义务人。

4.能正确计算居民纳税人境外所得个人所得税的扣除限额。

5.能正确填写陈某2012年个人所得税纳税申报表。

◆ 任务资料

1.陈某的基本情况。(见实训资料【7-2】)

2.相关表格:个人所得税纳税申报表(适用于年所得12万元以上的纳税人申报)。

◆ 理论指导

个人所得税的自行申报,除代扣代缴之外,纳税人还可以采用自行申报纳税方式纳税,这种方式可以是由本人或委托他人或采用邮寄和网上等多种申报方式进行。其中,采取邮寄方式申报纳税的,以寄出地的邮戳日期为实际申报日期。凡符合税法规定的纳税义务人有下列情形之一的,必须自行向税务机关填写申报"个人所得税申报表"并缴纳税款:

1.年所得12万元以上的;

2.从中国境内两处或两处以上取得工资、薪金所得的;

3.从中国境外取得所得的;

4.取得应纳税所得,没有扣缴义务人的或取得应纳税所得,扣缴义务人未按规定扣缴税款的;

5.分笔取得属于一次劳务报酬所得、稿酬所得、特许权使用费所得、财产租赁所得的;

6.国务院规定的其他情形。

上述第(1)项据称"年所得12万元以上的",无论取得的各项所得是否足额缴纳了个人所得税,均应当按照规定,于纳税年度终了后向主管税务机关办理纳税申报。

个人所得税纳税申报表表样

附表1

扣缴个人所得税报告表

税款所属期：　年　月　日至　　年　月　日

扣缴义务人名称：

扣缴义务人编码：□□□□□□□□□□□

扣缴义务人所属行业：□一般行业　□特定行业月份申报

金额单位：人民币元（列至角分）

序号	姓名	身份证件类型	身份证件号码	所得项目	所得期间	收入额	免税所得	税前扣除项目								减除费用	准予扣除的捐赠额	应纳税所得额	税率%	速算扣除数	应纳税额	减免税额	应扣缴税额	已扣缴税额	应补（退）税额	备注
								基本养老保险费	基本医疗保险费	失业保险费	住房公积金	财产原值	允许扣除的税费	其他	合计											
1	2	3	4	5	6	7	8	9	10	11	12	13	14	15	16	17	18	19	20	21	22	23	24	25	26	27
合计																										

谨声明：此扣缴报告表是根据《中华人民共和国个人所得税法》及其实施条例和国家有关税收法律法规规定填写的，是真实的、完整的、可靠的。

法定代表人（负责人）签字：　　　　　年　月　日

扣缴义务人公章： 经办人： 填表日期：　年　月　日	代理机构（人）签章： 经办人： 经办人执业证件号码： 代理申报日期：　年　月　日	主管税务机关受理专用章： 受理人： 受理日期：　年　月　日

填表说明：

一、适用范围

本表适用于扣缴义务人办理全员全额扣缴个人所得税申报（包括向个人支付应税所得，但低于扣缴税款所得，不需扣缴税款）的申报，以及特定行业职工工资、薪金所得、个人所得税的月份申报。

二、申报期限

次月十五日内。扣缴义务人应于次月十五日内将所扣税款缴入国库，并向税务机关报送本表。扣缴义务人不能按照规定期限报送本表时，应当按照《中华人民共和国税收征收管理法》及其实施细则有关规定办理延期申报。

三、本表各栏填写

（一）表头各项目

1. 税款所属期：为税款所属期月份第一日至月份第一日最后一日。

2. 扣缴义务人名称：填写实际支付个人所得单位（个人）的法定名称全称或姓名。

3. 扣缴义务人编码：填写办理税务登记或扣缴税款登记时，由主管税务机关确定的扣缴义务人税务编码。

4. 扣缴义务人所属行业：是指除《中华人民共和国个人所得税法》及其实施条例规定的特定行业以外的其他所有行业。

（1）一般行业：是指除《中华人民共和国个人所得税法》及其实施条例规定的特定行业以外的其他所有行业。

（2）特定行业：指符合《中华人民共和国个人所得税法》及其实施条例规定的采掘业、远洋运输业、远洋捕捞业以及国务院财政、税务主管部门确定的其他行业。

（二）表内各栏

1. 一般行业的填写

（1）第2列"姓名"：填写纳税人姓名。中国境内无住所个人，其名应当用中、外文同时填写。

（2）第3列"身份证件类型"：填写能识别纳税人唯一身份证件等证件的有效证件名称。

①在中国境内有住所的个人，填写身份证、军官证、士兵证等证件名称。

②在中国境内无住所的个人，如果税务机关已赋予18位纳税人识别号的，填写"税务机关未赋予"；如果税务机关未赋予，则填写护照、港澳居民来往内地通行证、台湾居民来往大陆通行证等证件名称。

（3）第4列"身份证件号码"：填写能识别纳税人唯一身份的号码。

①在中国境内有住所的纳税人，填写身份证、军官证、士兵证等证件上的号码。

②在中国境内无住所的纳税人，如果税务机关赋予18位纳税人识别号的，填写该号码；没有，则填写护照、港澳居民来往内地通行证、台湾居民来往大陆通行证等证件上的号码。

税务机关初次扣缴申报时，或扣缴义务人到主管税务机关办理初次涉税事项时，作为其唯一身份识别号，在纳税人初次扣缴申报时，由主管税务机关赋予。

（4）第5列"所得项目"：按照税法第二条规定的项目填写。同一纳税人有多项所得时，分行填写。

(5) 第6列"所得期间":填写扣缴义务人支付所得的时间。

(6) 第7列"收入额":填写纳税人实际取得的全部收入额。

(7) 第8列"免税所得":是指税法第四条规定可以免税的所得。

(8) 第9列—第16列"税前扣除项目":是指按照税法及其他法律法规规定,可在税前扣除的项目。

(9) 第17列"减除费用":是指按照税法第六条规定可以在税前减除的费用。没有的,则不填。

(10) 第18列"准予扣除的捐赠额":是指按照税法及其实施条例和相关政策规定,可以在税前扣除的捐赠额。

(11) 第19列"应纳税所得额":根据相关列次计算填报。第19列=第7-8-16-17-18列。部分所得项目没有速算扣除数的,则不填。

(12) 第20列"税率"及第21列"速算扣除数":按照税法第三条规定填写。

(13) 第22列"应纳税额":根据相关列次计算填报。第22列=第19×20-21列。

(14) 第23列"减免税额":是指符合税法规定可以减免的税额。其中,纳税人取得"稿酬所得"时,其根据税法第三条规定可按应纳税额减征的30%填入此栏。

(15) 第24列"应扣缴税额":根据相关列次计算填报。第24列=第22-23列。

(16) 第25列"已扣缴税额":是指扣缴义务人当期实际扣缴的个人所得税款。

(17) 第26列"应补(退)税额":根据相关列次计算填报。第26列=第24-25列。

(18) 第27列"备注":填写非本单位雇员,非本期收入及其他有关说明事项。

(19) 对不是按月份申报的工资、薪金所得,其适用"工资、薪金所得"个人所得税的填报,则不完全按照上述逻辑关系填写。

2. 特定行业的填写

(1) 第2列—第6列的填写:同上"一般行业"的填写。

(2) 第7列—第19列、第22列—第26列的数据口径同上"一般行业"对应项目,金额按以下原则填写:

①第7列"收入额":是指本月实际发生的全部收入额。

②第8列—第16列"减除费用":是指税法第六条规定可以在税前减除的费用额。没有的,则不填。

③第17列"减除费用":是指当月实际发生的全部收入额。

④第18列"准予扣除的捐赠额":按纳税人捐赠月份的实际收入额计算。

⑤第19列"应纳税所得额":根据相关列次计算填报。第19列=第7-8-16-17-18列。

⑥第20列"税率"及第21列"速算扣除数":按照税法第三条规定填写。

⑦第22列"应纳税额":特定行业进行个人所得税月份申报时,"应纳税额"为预缴所得税额。根据相关列次计算填报。第22列=第19×20-21列。

附表 2

个人所得税纳税申报表(适用于年所得 12 万元以上的纳税人申报)

所得年份: 年　　　　　　填表日期: 年　月　日　　　　　　金额单位: 元(列至角分)

纳税人姓名			国籍(地区)		身份证照类型		身份证照号码	
任职受雇单位			任职受雇单位代码		任职受雇单位所属行业		职业	职务
在华天数			境内有效联系地址				境内有效联系地址邮编	联系电话
此行由取得经营所得的纳税人填写			经营单位纳税人识别号				经营单位纳税人名称	

所得项目	年所得额			应纳税所得额	应纳税额	已缴(扣)税额	抵扣税额	减免税额	应补税额	应退税额	备注
	境内	境外	合计								
1. 工资、薪金所得											
2. 个体工商户的生产、经营所得											
3. 对企事业单位的承包经营承租经营所得											
4. 劳务报酬所得											
5. 稿酬所得											
6. 特许权使用费所得											
7. 利息、股息、红利所得											
8. 财产租赁所得											
9. 财产转让所得											
其中:股票转让所得											
个人房屋转让所得											
10. 偶然所得											
11. 其他所得											
合　计											

我声明:此纳税申报表是根据《中华人民共和国个人所得税法》及有关法律、法规的规定填报的,我保证它是真实的、可靠的、完整的。

纳税人(签字):

代理人(签章):　　　　　　　　　　　　　　　　税务机关受理时间: 年　月　日

税务机关受理人(签字):　　　　　　受理申报税务机关名称(盖章):

联系电话:

项目八

关税纳税实务

知识目标

1. 理解关税的纳税义务人；
2. 掌握关税的征税范围；
3. 理解关税税目、税率表的制定和货物原产地的规定；
4. 熟悉关税完税价格的制定；
5. 掌握关税应纳税额的计算；
6. 掌握关税的税收优惠政策；
7. 熟悉关税的征收方式。

能力目标

1. 能正确理解关税的纳税义务人；
2. 能准确判断进口货物的原产地；
3. 能正确运用进口税则的各栏税率；
4. 能根据业务资料计算关税的完税价格；
5. 能正确计算进出口货物和物品关税应纳税额；
6. 能正确运用关税的税收优惠政策；
7. 会办理企业的进出口业务；
8. 独立到中国海关总署网站下载关税的有关文件和表格。

知识小结

1. 关键术语

关税、进口税、出口税、货物、物品、最惠国税率、协定税率、特惠税率、普通税率、从价税、从量税、复合税、报复性关税、反倾销关税、反补贴关税、保障性关税、关税的完税价格、法定减免税、特定减免税、临时减免税。

2. 本章重点、难点

本章重点：关税税率及运用、关税完税价格的确定及应纳税额的计算。

本章难点:关税完税价格的确定,进口关税与增值税、消费税的关系。

能力目标

一、单项选择题

1.关税是对进出国境或关境的货物、物品征收的一种税。我国负责关税征收工作的部门是(　　)。

A.税务机关　　　B.海关　　　　　C.工商部门　　　D.财政部门

2.随着进口商品价格由高到低而设置由低到高的关税计征方法是(　　)。

A.从价税　　　　B.从量税　　　　C.复合税　　　　D.滑准税

3.进出口货物的纳税义务人,应当自海关填发税款缴款书之日起(　　)日内,向指定银行缴纳税款。

A.10　　　　　　B.7　　　　　　　C.15　　　　　　D.30

4.我国对进口商品基本上都实行(　　)。

A.从价税　　　　B.从量税　　　　C.复合税　　　　D.滑准税

5.在陆、空、海运中,若进口货物的保费无法确定成本实际发生额,海关应按(　　)来计算保险费。

A.货价×5‰　　　　　　　　　　B.运费×3‰

C.(货价+运费)×3‰　　　　　　D.货价×3‰

6.关税纳税义务人因不可抗力或者在国家税收政策调整的情形下,不能按期缴纳税款的,经海关总署批准,可以延期缴纳税款,但最多不得超过(　　)个月。

A.3　　　　　　　B.6　　　　　　　C.9　　　　　　　D.12

7.因纳税义务人违反海关法规定而造成的少征或漏征,海关在(　　)年内可以追征。

A.1　　　　　　　B.2　　　　　　　C.3　　　　　　　D.5

8.进出口货物的完税价格,由海关以该货物的(　　)为基础审查确定。

A.成交价格　　　　　　　　　　　B.市场价格

C.估算价格　　　　　　　　　　　D.重置价格

9.远洋进出口公司进口摩托车300辆,经海关审定的货价为150万美元,运抵我国关境内输入地点前起卸包装费6万美元,运输费5万美元,保险费2万美元。进口时人民币汇率为1美元=6.2人民币元;该批摩托车进口关税税率为20%。该进出口公司进口摩托车应纳的关税为(　　)万元。

A.193.44　　　　B.199.64　　　　C.29.26　　　　D.186

10.加工贸易进口料件及其制成品需征税的,海关应按照一般进口货物的规定审定完税价格。下列各项中,符合审定完税价格规定的是(　　)。

A.进口时需征税的进料加工进口料件,以该料件申报进口时的价格估定

B.内销的进料加工进口料件或其制成品,以该料件申报进口时的价格估定

C.内销的来料加工进口料件或其制成品,以该料件申报进口时的价格估定

D.出口加工区内加工企业内销的制成品,以该料件申报进口时的价格估定

11. 下列费用不应计入关税完税价格的是（   ）。

A. 保险费   B. 买价

C. 特许权使用费   D. 国内运杂费

12. 进出境货物和物品放行后,海关发现少征或漏征税款,海关应当自缴纳税款或者货物和物品放行之日起(   )年内,向纳税义务人补征。

A. 1   B. 2   C. 3   D. 4

13. 我国《海关法》和《进出口条例》明确规定,关税税额在人民币(   )元以下的一票货物,可以免税。

A. 10   B. 50   C. 20   D. 100

14. 天海进出口公司某日进口小轿车 100 辆,每辆货价 300 000 元,该批小轿车运抵我国宁波港起卸前的包装费 100 000 元,运输费 200 000 元,保险费和其他劳务费用共计150 000 元。已知此时小轿车进口关税税率为 15%。进口该批小轿车应纳的关税税额为(   )万元。

A. 537.35   B. 456.75   C. 451.5   D. 454.5

15. 下列各项中,符合关税法规定免税的项目是(   )。

A. 外国政府、国际组织无偿赠予的物资

B. 进出境运输工具装载的燃料、物料和饮食用品

C. 科教用品

D. 关税税额在人民币 20 元以下的一票货物

16. 某企业运往境外加工一批产品,出境时向海关报明原材料价格为 100 万元,在海关规定期限内复运进境,支付境外加工费 50 万元,料件费 30 万元,发生运费 3 万元,保险费 1 万元,进境时此批产品的市场价格为 380 万元。该货物进口关税税率为 15%。该业务应纳的关税税额为(   )万元。

A. 12   B. 12.6   C. 57   D. 12.45

17. 全国人民代表大会(   )颁布《中华人民共和国海关法》。

A. 1949 年 10 月   B. 2000 年 7 月

C. 2003 年 11 月   D. 1951 年 5 月

18. 天宇进出口公司 2013 年 11 月 5 日进口一批货物,关税税额为 160 万元,海关于2013 年 11 月 8 日填发进口关税专用缴款书,天宇公司直到 12 月 13 日才缴纳税款,海关应征收关税滞纳金(   )万元。

A. 1.84   B. 3.68   C. 3.2   D. 1.6

19. 任何国家或地区对其进口的原产于我国的货物征收歧视性关税或者给予其他歧视性待遇的,我国则对原产于该国家或者地区的进口货物征收(   )关税。

A. 反倾销税   B. 反补贴税

C. 保障性关税   D. 报复性关税

20. 茂源外贸公司收购一批货物出口,离岸价格为 50 万元,此货物出口关税税率为20%,该批货物应纳的出口关税税额为(   )万元。

A. 8.33   B. 10   C. 12.5   D. 15

二、多项选择题

1.关税的纳税义务人是指(　　)。

A.进出境物品的所有人　　　　　　B.进口货物的收货人

C.代理人　　　　　　　　　　　　D.出口货物的发货人

2.关税减免的类型主要有(　　)。

A.法定减免　　　　　　　　　　　B.特定减免

C.临时减免　　　　　　　　　　　D.困难减免

3.加入WTO后,我国进口税则设有(　　)。

A.最惠国税率　　　　　　　　　　B.协定税率

C.特惠税率　　　　　　　　　　　D.普通税率

4.特别关税包括(　　)。

A.报复性关税　　　　　　　　　　B.反倾销与反补贴税

C.保障性关税　　　　　　　　　　D.滑准税

5.下列货物、物品中,(　　)予以免征关税。

A.关税税额在人民币50元以下的一票货物

B.进出境运输工具上装载的燃料、物料和饮食用品

C.无商业价值的广告品和货样

D.外国政府、国际组织无偿赠送的物资

6.下列出口货物完税价格的确定方法符合《海关法》规定的有(　　)。

A.海关依法估价确定的完税价格

B.以成交价格为基础确定的完税价格

C.根据境内生产类似货物的成本、利润和费用计算出的价格

D.以相同或类似的进口货物在境内的销售价格为基础估定的完税价格

7.下列各项中,属于关税法定纳税义务人的有(　　)。

A.进口货物的收货人　　　　　　　B.进口货物的代理人

C.出口货物的发货人　　　　　　　D.出口货物的代理人

8.进口货物时,下列(　　),如不能与该货物实付或应付价格区分,不得计入完税价格。

A.设备进口后的安装费

B.货物运抵境内输入地点之后的运输费、保险费和其他相关费用

C.进口关税及其他国内税收

D.由买方负担的包装材料和包装劳务费

9.关税的强制执行措施有(　　)。

A.强制扣缴　　　　　　　　　　　B.变价抵缴

C.扣押、查封进口货物　　　　　　D.征收关税滞纳金

10.下列各项中,符合关税减免规定的有(　　)。

A.因故退还的国内出口货物,经海关审查属实,可予免征进口关税,已征收的出口关税准予退还

B.因故退还的国内出口货物,经海关审查属实,可予免征进口关税,但已征收的出口关税不予退还

C.因故退还的境外进口货物,经海关审查属实,可予免征出口关税,已征收的进口关税准予退还

D.因故退还的境外进口货物,经海关审查属实,可予免征出口关税,但已征收的进口关税不予退还

11.我国现行的行邮税税率分别为(　　)。

A.50％　　　　B.20％　　　　C.100％　　　　D.10％

12.目前,我国对下列(　　)商品进口采用从量税。

A.化肥　　　　B.原油　　　　C.啤酒　　　　D.胶卷

13.目前,我国对下列(　　)商品进口采用复合税。

A.数字照相机　　B.录像机　　　C.摄像机　　　D.新闻纸

14.进口货物的价格不符合成交价格条件或者成交价格不能确定的,海关应当依次以(　　)及其他合理方法确定的价格为基础,估定完税价格。

A.相同货物成交价格法　　　　　　B.类似货物成交价格法

C.倒扣价格法　　　　　　　　　　D.计算价格法

15.进口货物如有下列(　　)情形,经海关查明属实,可酌情减免进口关税。

A.在境外运输途中或者起卸时,遭受损坏或者损失的

B.在境内运输途中或者起卸时,遭受损坏或者损失的

C.起卸后海关放行前,因不可抗力遭受损坏或者损失的

D.海关查验时已破漏、损坏或者腐烂,经证明不是保管不慎造成的

三、判断题

1.根据我国关税条例的规定,个人邮递物品可以不纳关税。　　　　　　　　(　　)

2.我国原产地规定基本上采用了全部产地生产标准和实质性加工标准两种国际上通用的原产地标准。　　　　　　　　　　　　　　　　　　　　　　　　　　(　　)

3.根据《海关法》规定,进口货物的完税价格包括货物的货价、货物运抵我国境内输入地点起卸前的运输费及其相关费用、保险费。　　　　　　　　　　　　　　　　(　　)

4.留购的进口货样、展览品和广告陈列品,以海关估定价格为完税价格。　　(　　)

5.最惠国税率适用原产于我国参加的含有关税优惠条款的区域性贸易协定有关缔约方的进口货物。　　　　　　　　　　　　　　　　　　　　　　　　　　　(　　)

6.《海关法》规定,进出口货物的完税价格由海关以货物的成交价格为基础审查确定,成交价格不能确定时,完税价格由海关依法估定。　　　　　　　　　　　　　(　　)

7.由买方负担的购货佣金不计入完税价格。　　　　　　　　　　　　　(　　)

8.查获走私进口货物需补税时,应按查获日期实施的税率征税。　　　　　(　　)

9.出口货应以海关审定的以成交价格为基础的离岸价格为关税的完税价格。

(　　)

10.减征关税在我国加入世界贸易组织之前以税则规定的税率为基准,在我国加入世界贸易组织之后以最惠国税率或者普通税率为基准。　　　　　　　　　　　(　　)

11. 出口货物应当以海关审定的货物售予境外的离岸价格作为货物的完税价格。
　　　　　　　　　　　　　　　　　　　　　　　　　　　　　　　　　　　(　　)

12. 租借、租赁方式进境的货物,以海关审查确定的货物租金作为完税价格。(　　)

13. 进出口货物,应当按照收发货人或者他们的代理人申报进口或者出口之日实施的税率征税。
　　　　　　　　　　　　　　　　　　　　　　　　　　　　　　　　　　　(　　)

14. 关税的减税、免税分为法定性减免税和政策性减免税。　　　　　　　　　(　　)

15. 对从境外采购进口的原产于中国境内的货物,海关不征收进口关税。　　(　　)

16. "实质性加工"是指产品加工后,在进出口税则中四位数税号一级的税则归类已经有了改变,或者加工增值部分所占新产品总值的比例已达到或超过50%。(　　)

17. 加入WTO之后,我国自2002年1月1日起,进口税则设有最惠国税率、协定税率、特惠税率、普通税率、关税配额税率等五类税率。　　　　　　　　　　　(　　)

18. 出境修理货物复运进境超过海关规定期限的,由海关按照"一般进口货物的完税价格"的规定审查确定完税价格。　　　　　　　　　　　　　　　　　　　　(　　)

19. 边民通过互市贸易进口的商品,每人每日价值在5 000元以下的,免征进口关税和进口环节增值税。　　　　　　　　　　　　　　　　　　　　　　　　　　(　　)

20. 纳税义务人自海关填发税收缴款书之日起三个月内仍未缴纳税款,经海关关长批准,海关可以采取强制扣缴、变价抵缴等强制措施。　　　　　　　　　　　(　　)

◆ 任务驱动

【工作任务1】 达盛昌公司是一家生产企业,2013年11月进口一批货物,其成交价格为300万美元,货物运抵我国境内输入地点起卸前的运输费为50万元,从该输入地点到该公司的运输费用为20万元,货物运抵我国境内输入地点起卸前的保险费为30万元,为购买该批货物,该企业支付购货佣金之外的佣金费用20万元。

该货物的关税税率为5%。请你计算该公司应纳进口关税税额。(假设1美元=7人民币元)

【工作任务2】 鸿发外贸公司有进出口经营权,2013年10月发生以下经营业务:

(1)经有关部门批准从境外进口小轿车30辆,单价45万元,运抵我国海关前发生的运输费用、保险费用无法确定,经海关查实其他运输公司相同业务的运输费用占货价的比例为2%。向海关缴纳了相关税款,并取得完税凭证。企业委托运输公司将轿车从海关运回本单位,支付运输公司运输费用6万元,取得了运输公司开具的普通发票。当月售出24辆,每辆取得含税销售额87.75万元,企业自用两辆并作为本企业固定资产。

(2)月初将上月购进的库存材料40万元在经海关核准后委托境外公司加工,月末该批加工货物在海关规定的期限内复运进境供销售,支付给境外公司的加工费30万元,进境前的运输费和保险费共5万元。向海关缴纳了相关税款,并取得完税凭证。

乘用车关税税率为25%,货物关税税率为10%,增值税税率为17%,消费税税率为10%。

要求:

(1)请你计算小轿车在进口环节应缴纳的关税税额、消费税税额和增值税税额。

(2)计算加工货物在进口环节应缴纳的关税税额、增值税税额。

(3)计算国内销售环节 10 月份应缴纳的增值税税额。

【工作任务 3】 中山市金得利公司是一家大型商贸公司,为增值税一般纳税人,兼营商品加工、批发、零售和进出口业务,2013 年 11 月相关经营业务如下:

(1)进口化妆品一批,支付国外的买价 220 万元、国外的采购代理人佣金 6 万元、国外的经纪费 4 万元;支付运抵我国海关前的运输费用 20 万元、装卸费用和保险费用 11 万元;支付由海关再运往金得利公司的运输费用 8 万元、装卸费用和保险费用 3 万元。

(2)受托加工化妆品一批,委托方提供的原材料不含税金额 86 万元,加工结束后向委托方开具普通发票收取加工费和添加辅助材料的含税金额共计 46.8 万元,该化妆品商贸公司当地无同类产品市场价格。

(3)收购免税农产品一批,支付收购价款 70 万元、运输费用 10 万元,当月将购回免税农产品的 30% 用于公司饮食部。

(4)购进其他商品,取得增值税专用发票,支付价款 200 万元、增值税 34 万元,支付运输单位运输费用 20 万元,待货物验收入库时发现短缺商品金额 10 万元(占支付金额的 5%),经查实应由运输单位赔偿。

(5)将进口化妆品的 80% 重新加工制作成套装化妆品,当月销售给其他商场并开具增值税专用发票,取得不含税销售额 650 万元;直接销售给消费者个人,开具普通发票,取得含税销售额 70.2 万元。

(6)销售除化妆品以外的其他商品,开具增值税专用发票,应收不含税销售额 300 万元,由于月末前可将全部货款收回,给所有购货方的销售折扣比例为 5%,实际收到金额 285 万元。

(7)取得化妆品的逾期包装押金收入 14.04 万元。

关税税率为 20%,化妆品消费税税率为 30%;当月购销各环节所涉及的票据符合税法规定,并经过税务机关认证。

要求:

(1)分别计算该公司进口环节应缴纳的关税税额、消费税税额和增值税税额。

(2)计算该公司加工环节应代收代缴的消费税、城市维护建设税和教育费附加。

(3)计算该公司国内销售环节应缴纳的消费税总和。

(4)计算该公司国内销售环节实现的销项税额总和。

(5)计算该公司国内销售环节准予抵扣的进项税额总和。

(6)计算该公司国内销售环节应缴纳的增值税税额。

(7)计算该公司当月应缴纳的城市维护建设税和教育费附加总和。

项目九

其他税种纳税实务

子项目一　资源税纳税实务

知识目标

1.准确界定资源税的纳税义务人；
2.掌握资源税的征税范围；
3.掌握计税依据和应纳税额的计算；
4.掌握资源税的税收优惠政策。

能力目标

1.能辨别资源税的征税范围；
2.能根据资源税纳税资料正确计算应纳税额；
3.能正确填制资源税纳税申报表；
4.能为企业办理资源税纳税申报和缴纳业务；
5.能独立到税务局网站下载资源税相关资料。

知识小结

1.关键术语
资源税、收购未税矿产品的独立矿山和联合企业。
2.本章重点、难点
本章重点:资源税的征税范围、资源税税目、税额及应纳税额的计算。
本章难点:资源税税目、税额及应纳税额的计算。

能力训练

一、单项选择题

1. 华北油田10月份开采原油8 000吨,其中当月加热和修井耗用原油500吨;同时开采天然气40 000立方米,其中自用1 000立方米,其余均已销售。该油田适用的单位税额为原油每吨8元,天然气每千立方米4元,该油田10月份应纳资源税税额为(　　)元。

A. 64 000　　　B. 60 160　　　C. 68 000　　　D. 681 600

2. 扣缴义务人代扣代缴的资源税,应当向(　　)税务机关缴纳。

A. 生产所在地　　B. 开采地　　　C. 收购地　　　D. 销售地

3. 胜利油田2013年1月生产原油20万吨,当月销售19.5万吨,加热、修井用0.5万吨;开采天然气1 000万立方米,当月销售900万立方米,待售100万立方米。若原油、天然气的单位售价分别为4 500元/吨和1元/立方米,则该油田本月应纳资源税税额为(　　)万元。

A. 4 500　　　B. 4 387.5　　　C. 4 432.5　　　D. 4 437.5

4. 赵各庄煤矿2012年2月生产销售焦煤50万吨,生产伴生天然气150万立方米。该煤矿适用的单位税额为焦煤每吨8元,天然气的单位售价为每立方米1元。该煤矿2月份应纳资源税税额为(　　)万元。

A. 400　　　B. 407.5　　　C. 7.5　　　D. 407

5. 根据有关规定,对独立矿山应纳的铁矿石资源税减征(　　)。

A. 30%　　　B. 40%　　　C. 50%　　　D. 60%

6. 顺成油田2013年销售原油115万吨,油田自用5万吨,另有4万吨用于加热和修井。该油田原油售价为每吨4 500元,则该油田当年应纳资源税税额为(　　)万元。

A. 25 875　　　B. 27 000　　　C. 27 900　　　D. 24 975

7. 盐场2013年生产销售原盐50 000吨,另外用生产的原盐加工成粉洗盐10 000吨,粉精盐12 000吨。已知该盐场1吨原盐可以加工成0.8吨粉洗盐,或加工成0.75吨粉精盐,根据规定该盐场适用单位税额为25元/吨。该盐场该年应纳资源税税额为(　　)元。

A. 1 500 000　　　B. 1 800 000　　　C. 1 962 500　　　D. 2 200 000

8. 津西铁矿厂是一家采矿企业,2013年6月份共开采锡矿石50 000吨,销售锡矿石40 000吨,适用税额每吨6元。该企业2013年6月份应缴纳的资源税税额为(　　)元。

A. 168 000　　　B. 210 000　　　C. 240 000　　　D. 3 000 000

9. 按照资源税有关规定,独立矿山收购未税矿产品适用(　　)。

A. 矿产品原产地的税额标准

B. 本单位应税产品的税额标准

C.矿产品购买地的税额标准

D.税务机关核定的税额标准

10.长城铁矿山 2013 年 12 月销售铁矿石原矿 6 万吨，移送入选精矿 0.5 万吨，选矿比为 40%，适用税额为 10 元/吨。该铁矿山当月应缴纳的资源税税额为（　　）万元。

A.26　　　　　B.29　　　　　C.43.5　　　　　D.65

二、多项选择题

1.下列各项中，属于资源税纳税人的有（　　）。

A.开采石油的国有企业　　　　　B.进口铁矿石的私营企业

C.开采石灰石的个体经营者　　　　　D.销售固体盐的商场

2.依据我国《资源税暂行条例实施细则》的规定，下列单位和个人的生产经营行为应缴纳资源税的有（　　）。

A.冶炼企业进口矿石　　　　　B.个体经营者开采煤矿

C.军事单位开采石油　　　　　D.中外合作开采天然气

3.纳税期限是指纳税人据以缴纳应纳税额的期限，根据资源税相关规定，下列可以作为资源税纳税期限的有（　　）。

A.1 日　　　　　B.3 日　　　　　C.5 日　　　　　D.10 日

4.下列各项中，不征收资源税的有（　　）。

A.液体盐　　　　　B.人造原油

C.洗煤、选煤　　　　　D.煤矿生产的天然气

5.下列属于资源税应税产品的有（　　）。

A.天然原油　　　　　B.油田生产的天然气

C.原煤的加工产品　　　　　D.煤矿生产的天然气

6.进口的资源税应税产品需缴纳的税种有（　　）。

A.资源税　　　　B.关税　　　　C.增值税　　　　D.城市维护建设税

7.资源税的纳税环节可以是（　　）。

A.开采时　　　　　B.移送使用时

C.生产销售时　　　　　D.最终消费时

8.资源税的纳税义务人不能准确提供应税产品销售数量或移送使用数量的，可以（　　）为课税数量。

A.应税产品实际产量　　　　　B.上年同期产量

C.当年计划产量　　　　　D.主管税务机关确定的折算比换算成的数量

9.下列应征资源税的产品有（　　）。

A.人造石油　　　　　B.天然原油

C.原油中的稠油　　　　　D.用于加热和修井的原油

10.下列关于资源税纳税义务发生时间的表述中，正确的有（　　）。

A.分期收款销售方式，收到货款当天

B. 自产应税矿产品用于抵偿债务,移送使用的当天

C. 代扣代缴资源税,支付货款当天

D. 预收货款销售方式,发出应税产品当天

三、判断题

1. 纳税义务人生产销售的应税矿产品中,享受免税的部分未单独核算的,应按最高税额计算征税。　　　　　　　　　　　　　　　　　　　　　　　　　　　( )

2. 资源税适用于中、外资企业,所以无论是何种纳税义务人,生产或进口应税资源矿产品时,都应缴纳资源税。　　　　　　　　　　　　　　　　　　　　　　( )

3. 纳税义务人以外购的液体盐加工成固体盐,其加工的固体盐所耗用的液体盐的已纳税额不准抵扣。　　　　　　　　　　　　　　　　　　　　　　　　　　( )

4. 对开采主矿产品的过程中伴采的其他应税矿产品,一律按主矿产品的税额征收资源税。　　　　　　　　　　　　　　　　　　　　　　　　　　　　　　　( )

5. 资源税仅对在中国境内开采或生产应税产品的单位和个人征收,对进口的矿产品和盐不征收。　　　　　　　　　　　　　　　　　　　　　　　　　　　　( )

6. 资源税的纳税义务人开采或者生产不同税目应税产品的,应当分别核算不同税目应税产品的课税数量;未分别核算或者不能准确提供不同税目应税产品的课税数量的,从高适用税率。　　　　　　　　　　　　　　　　　　　　　　　　　　　( )

7. 金属和非金属矿产品原矿,因无法准确掌握纳税义务人移送使用原矿数量的,可将其精矿按选矿比折算成原矿数量作为课税数量。　　　　　　　　　　　　　　( )

8. 根据《资源税暂行条例》的规定,纳税义务人专门开采或与原油同时开采的天然气、煤矿生产的天然气,都应缴纳资源税。　　　　　　　　　　　　　　　　　( )

9. 由各省、自治区、直辖市人民政府决定征收资源税的矿产品,如资源税税率表中未列明的,其税额参照资源税税率表,按邻近矿山的税额标准,在30%的幅度内确定。( )

10. 跨省开采应税矿产品时,如果生产单位与核算单位不在同一省的,其资源税应在核算单位所在地缴纳。　　　　　　　　　　　　　　　　　　　　　　　( )

任务驱动

【工作任务1】　鑫鑫公司是一家采矿企业,2013年6月开采锡矿石50 000吨,销售锡矿原矿40 000吨、锡矿精矿100吨,锡矿的选矿比为1∶15,锡矿资源税适用税额每吨6元。

请你为该公司计算6月应纳的资源税。

【工作任务2】　林西煤矿2013年7月对外销售焦煤400万吨,销售伴采天然气8万立方米。本月后勤部门领用焦煤100吨,已知焦煤适用的单位税额为8元/吨,天然气的单位售价为1元/立方米。

请根据上述资料计算该企业2013年7月份应缴纳的资源税。

【工作任务3】　大港油田 2013 年 8 月生产原油 8 万吨(单位售价 4300 元/吨),其中销售 6 万吨,用于加热、修井 1 万吨,待销售 1 万吨,当月在采油过程中还回收伴生天然气 1 千万立方米并已经全部销售(单位售价 0.9 元/立方米)。

请你为该油田计算 8 月份应缴纳的资源税税额。

【工作任务4】　渤海盐场 2013 年 10 月生产液体盐 500 吨,其中对外销售 100 吨。当月生产固体盐 1 000 吨(本月已全部对外销售),共耗用液体盐 1 200 吨,其中 400 吨是本企业自产的液体盐,另外 800 吨全部从另一盐场购进,已知液体盐单位税额为 2 元/吨,固体盐单位税额为 25 元/吨。

请计算该盐场 2013 年 10 月应缴纳的资源税税额。

【工作任务5】　长城公司是一家联合企业,为增值税一般纳税人,2013 年 12 月生产经营情况如下:

(1)专门开采的天然气 45 000 千立方米,开采焦煤 450 万吨,采煤过程中生产天然气 2 800 千立方米。

(2)销售焦煤 280 万吨,每吨不含税销售额 1 700 元。

(3)企业职工食堂和供热等用焦煤 10 吨。

(4)销售天然气 37 000 千立方米(含采煤过程中生产的 2 000 千立方米),取得不含税销售额 6 660 万元。

(5)购入采煤用原材料和低值易耗品,取得增值税专用发票,注明支付货款 7 000 万元、增值税税额 1 190 万元。支付购进原材料运输费 200 万元,取得运输公司开具的普通发票,原材料和低值易耗品验收入库。

(6)购进采煤机械设备 10 台,取得增值税专用发票,注明每台设备支付货款 25 万元、增值税 4.25 万元,已全部投入使用。

资源税单位税额,焦煤 8 元/吨,天然气适用资源税率为 5%。

要求:

(1)请你为该联合企业计算 2013 年 12 月应缴纳的资源税税额。

(2)请你为该联合企业计算 2013 年 12 月应缴纳的增值税税额。

纳税申报实务

一、实训学时: 4 学时

二、实训类型: 项目实训

三、实训目的

通过本项目实训,使学生了解资源税的征税范围,辨别资源税的纳税义务人,掌握资源税应纳税额的计算,熟悉资源税的缴纳方法,了解资源税的税收优惠政策,掌握资源税纳税申报表的编制,能为企业进行资源税的纳税申报。

四、能力目标

1.能正确辨别资源税征税范围。

2.能准确判断资源税的计税依据。

3.能根据企业资源税纳税资料正确计算应纳税额。

4.掌握资源税的税收优惠政策。

5.能正确填制资源税纳税申报表并为企业办理纳税申报及税款缴纳。

五、实训操作流程

确定对象──→明确时间──→领取申报表──→办理申报──→税款缴纳

六、实训内容

1.首先要了解资源税的征税对象、征税范围、应纳税额的计算以及其他需要掌握的基础理论知识。

2.对企业生产经营情况进行了解,掌握资源税两种不同方式计税依据的确定。

3.熟悉资源税从价计征和从量计征的范围。

4.掌握资源税纳税申报表的填制方法。

七、实训资料

【9-1】　吉星公司是一家联合企业,单位税务代码为13010619720324788780,在2013年12月生产经营情况如下:

(1)天然气开采情况:专门开采的天然气55 000千立方米;采煤过程中生产天然气3 800千立方米。

(2)销售焦煤300万吨,每吨不含税销售额2 000元。

(3)企业职工食堂、浴室及供热等用去焦煤20吨。

(4)销售天然气47 000千立方米(含采煤过程中生产的3 000千立方米),取得不含税销售额7 660万元。

资源税单位税额,焦煤8元/吨,天然气适用资源税率为5%。请你为该联合企业计算2013年12月应缴纳的资源税税额。

任务　资源税纳税申报

任务描述

1.能正确计算该企业各税目的课税数量。

2.能正确计算该企业资源税应纳税额。

3.能正确填写该企业的资源税纳税申报表。

任务资料

1.吉星公司的基本情况。(见实训资料【9-1】)

2.相关表格:资源税纳税申报表。

理论指导

目前我国开征的资源税是以自然资源为课税对象,对在我国境内开采应税矿产品及生产盐的单位和个人,就其应税产品销售额或销售数量和自用数量为计税依据而征收的一种税。

资源税的主要特点:只对特定资源征税;具有受益税性质;具有级差收入税的特点。

一、纳税义务发生时间

1.纳税义务人销售应税产品,其纳税义务发生时间为收讫销售款或者取得索取销售款凭据的当天。

2.纳税义务人自产自用应税产品,其纳税义务发生时间为移送使用应税产品的当天。

3.扣缴义务人代扣代缴税款义务发生时间,为支付首笔货款或者开具应支付货款凭据的当天。

二、纳税地点

1.资源税的纳税地点为应税产品的开采地(或者生产地)。

2.对跨省开采资源税应税产品的单位,其下属单位与核算单位不在同一省、自治区、直辖市的,对其开采的应税矿产品,在开采地(或者生产地)纳税,其应纳税款由独立核算、自负盈亏的单位按照开采地(或者生产地)的实际销售量(或者自用量)及适用的税额计算划拨。

3.纳税义务人在本省、自治区、直辖市范围内开采或者生产应税产品,其纳税地点需要调整的,由省、自治区、直辖市税务机关决定。

4.扣缴义务人代扣代缴的资源税,应当向收购地主管税务机关缴纳。

三、纳税期限

资源税纳税期限为 1 日、3 日、5 日、10 日、15 日或者 1 个月,纳税义务人的纳税期限由主管税务机关根据实际情况具体核定。不能按固定期限计算纳税的,可以按次计算纳税。

以 1 个月为一期纳税的,自期满之日起 10 日内申报纳税;以 1 日、3 日、5 日、10 日和15 日为一期纳税的,自期满之日起 5 日内预缴税款,于次月 10 日内申报纳税并结清上月税款。

资源税纳税申报表表单样式

表 9-1　　　　　　　　　　　　　　　资源税纳税申报表

纳税人识别号 □□□□□□□□□□□□□□□□□□

纳税人名称：(公章)　　税款所属期限：自　年　月　日至　年　月　日

填表日期：　年　月　日　　　　　　　　　　金额单位：　元(列至角分)

产品名称	课税单位	课税数量	单位税额	本期应纳税额	本期已纳税额	本期应补(退)税额
1	2	3	4	5＝3×4	6	7＝5－6
应纳税项目						
	合计					
减免税项目						

纳税人或代理人声明：	如纳税人填报,由纳税人填写以下各栏			
此纳税申报表是根据国家税收法律的规定填报的,我确信它是真实的、可靠的、完整的。	经办人(签章)		会计主管(签章)	法定代表人(签章)
	如委托代理人填报,由代理人填写以下各栏			
	代理人名称		代理人(公章)	
	经办人(签章)			
	联系电话			

以下由税务机关填写：

受理人　　　　　　　　受理日期　　　　　　　　受理税务机关(签章)

填表说明：

一、本表适用于资源税纳税人填报。

二、本表有关内容按以下要求填写：

1. 纳税人识别号：填写办理税务登记时,由税务机关确定的税务登记号。

2. 纳税人名称：填写企业全称或业户字号,无字号的填业主姓名,并在工商登记或经主管部门批准的名称。

3. "课税单位"栏,填写课税数量的单位,如：吨、立方米、千立方米等。

子项目二　城镇土地使用税纳税实务

◆ 知识目标

1. 正确识别城镇土地使用税的纳税义务人；

2. 掌握城镇土地使用税的征税范围、计税依据；

3. 掌握城镇土地使用税的税收优惠；

4. 掌握城镇土地使用税应纳税额的计算；

5. 掌握城镇土地使用税的征收方式。

能力目标

1. 掌握城镇土地使用税的征税范围和计税依据；

2. 能根据企业具体的土地使用情况正确计算应纳税额；

3. 能正确填制城镇土地使用税的纳税申报表；

4. 能为企业办理城镇土地使用税的纳税申报和缴纳业务；

5. 能独立到网站上下载城填土地使用税的相关表格和资料。

知识小结

1. 关键术语

城镇土地使用税。

2. 本章重点、难点

本章重点：城镇土地使用税的征税范围、计税依据和应纳税额的计算方法。

本章难点：计税土地面积的确认。

能力训练

一、单项选择题

1. 下列土地征收城镇土地使用税的是(　)。

A. 个人所有的居住房屋及院落用地

B. 房产管理部门租用的居民住房用地

C. 免税单位职工家属的宿舍用地

D. 行政事业单位的经营用地

2. 下列土地征收城镇土地使用税的是(　)。

A. 国家机关、人民团体自用的土地

B. 市政街道、广场、绿化地带的公共用地

C. 公园出租的经营用地

D. 直接用于农、林、牧、渔业的生产用地

3. 土地使用权未确定或权属纠纷未解决的，以(　)为土地使用税纳税人。

A. 原拥有人　　　　　　　　　　B. 实际使用人

C. 代管人　　　　　　　　　　　D. 产权所有人

4. 下列应依法缴纳城镇土地使用税的是(　)。

A. 军队的训练场用地

B. 直接用于农、林、牧、渔业的生产用地

C. 公园中附设的餐饮部占用的土地

D. 由财政部门拨付经费的学校的教学楼用地

5. 风帆公司根据需要于 2013 年初受让了一块尚未办理土地使用证书的土地，土地面积为 5 000 平方米，该公司按其当年开发使用的面积 3 000 平方米进行申报纳税，其原来

占用土地面积是 1 000 平方米,其适用的城镇土地使用税单位税额为 2 元/平方米。则该公司应缴纳的城镇土地使用税是(   )元。

    A. 10 000   B. 6 000   C. 12 000   D. 8 000

    6. 三精公司与政府机关共同使用一栋共有土地使用权的建筑物。该建筑物占用土地面积 2 000 平方米,建筑物面积 10 000 平方米(公司与机关的占用比例为 4∶1),该公司所在市城镇土地使用税单位税额为 5 元/平方米。该公司应纳城镇土地使用税为(   )元。

    A. 0   B. 2 000   C. 8 000   D. 10 000

    7. 下列关于城镇土地使用税纳税义务发生时间相关论述中正确的有(   )。

    A. 纳税人购置新建商品房,自房屋交付使用之次月起计征城镇土地使用税

    B. 纳税人购置存量房,自房屋交付使用之次月起计征城镇土地使用税

    C. 房地产开发企业自用本企业建造的商品房,自房屋使用的当月起计征城镇土地使用税

    D. 纳税人新征用的非耕地,自批准征用之日起满 1 年时开始缴纳城镇土地使用税

    8. 新征用耕地应缴纳的城镇土地使用税,其纳税义务发生时间是(   )。

    A. 自批准征用之日起满 3 个月   B. 自批准征用之日起满 6 个月

    C. 自批准征用之日起满 1 年   D. 自批准征用之日起满 2 年

    9. 根据城镇土地使用税的有关规定,经济发达地区,城镇土地使用税的适用税额标准可以(   )。

    A. 适当提高,但提高额不得超过规定的最高税额的 30%

    B. 适当提高,但提高额不得超过规定的最低税额的 30%

    C. 适当提高,但须报经国家税务总局批准

    D. 适当提高,但须报经财政部批准

    10. 万信公司是一家商业企业,占地 15 000 平方米,该土地每平方米年税额为 5 元,该公司每季度应缴纳的城镇土地使用税为(   )元。

    A. 1 875   B. 75 000   C. 37 500   D. 18 750

二、多项选择题

    1. 下列单位的土地免征城镇土地使用税的有(   )。

    A. 国家机关、人民团体、军队自用的土地

    B. 由国家财政部门拨付事业经费的单位自用的土地

    C. 宗教寺庙、公园、名胜古迹自用的土地

    D. 市政街道、广场、绿化地带等公共用地

    2. 按照城镇土地使用税的规定,对纳税人实际占用的土地面积,可以按照下列(   )方法确定。

    A. 房地产管理部门核发的土地使用证书确认的土地面积

    B. 纳税人实际使用的建筑面积

    C. 尚未核发土地使用证书的纳税人据实申报的面积

    D. 尚未核发土地使用证书的纳税人以税务机关核定的土地面积

    3. 城镇土地使用权拥有人不在土地所在地或土地使用权尚未确定的,由(   )纳税。

A. 代管人　　　　　　　　　　B. 产权所有人

C. 实际使用人　　　　　　　　D. 承典人

4. 城镇土地使用税的征税范围包括下列（　　　）地区的国家所有和集体所有的土地。

A. 所有大、中、小城市　　　　B. 县、镇人民政府所在地

C. 乡、村土地　　　　　　　　D. 工矿区

5. 下列可以成为城镇土地使用税纳税义务人的有（　　　）。

A. 土地使用权人　　　　　　　B. 土地实际使用人

C. 土地监管人　　　　　　　　D. 共有土地使用权的各方

6. 城镇土地使用税的计税依据可以是（　　　）。

A. 省级人民政府组织测定的土地使用面积

B. 政府部门核发的土地使用证书确认的土地面积

C. 纳税义务人申报的土地面积

D. 纳税义务人实际使用的经营场地的土地面积

7. 下列各项中，应缴纳城镇土地使用税的有（　　　）。

A. 科研单位对外营业的招待所用地

B. 中外合资度假村的自用土地

C. 博物馆、纪念馆用地

D. 公园中经营性钓鱼场用地

8. 下列属于城镇土地使用税免税项目的有（　　　）。

A. 学校用地　　　　　　　　　B. 城市集贸市场用地

C. 公园参观游览和管理单位用地　　D. 养鸡场用地

9. 以下关于城镇土地使用税的表述中，正确的是（　　　）。

A. 纳税人使用的土地不属于同一市（县）管辖范围内的，由纳税人分别向土地所在地的税务机关申报缴纳

B. 纳税人使用的土地在同一省（自治区、直辖市）管辖范围内，纳税人跨地区使用的土地，由纳税人分别向土地所在地的税务机关申报缴纳

C. 纳税人如有住址变更、土地使用权属转换等情况，从转移之日起，按规定期限办理申报变更登记

D. 城镇土地使用税按年计算，分期缴纳

10. 下列各项中，可由省、自治区、直辖市地方税务局确定减免城镇土地使用税的有（　　　）。

A. 免税单位职工家属的宿舍用地

B. 集体和个人办的各类学校用地

C. 个人所有的居住房屋及院落用地

D. 免税单位无偿使用纳税单位的土地

三、判断题

1. 单位、个人直接用于从事种植、养殖、饲养的专业用地及生活、办公用地免征城镇土地使用税。　　　　　　　　　　　　　　　　　　　　　　　　　　（　　　）

2.企业搬迁后原场地不使用的、企业范围内荒山等尚未利用的土地,免征城镇土地使用税。　　　　　　　　　　　　　　　　　　　　　　　　　　　　　　（　　）

3.城镇土地使用税的征收对象是单位和个人占用的国家所有和集体所有的土地,农民的自留地属集体所有,所以无论在何处,都应缴纳城镇土地使用税。　　　（　　）

4.设在农村的乡镇企业,虽不属于矿区,也应缴纳城镇土地使用税。　　（　　）

5.向居民供热并收取采暖费的供热企业暂免征收城镇土地使用税。　　（　　）

6.纳税单位无偿使用免税单位的土地免征城镇土地使用税;免税单位无偿使用纳税单位的土地照章征收城镇土地使用税。　　　　　　　　　　　　　　　　　（　　）

7.对行使国家行政管理职能的中国人民银行总行(含国家外汇管理局)所属分支机构自用的土地,免征城镇土地使用税。　　　　　　　　　　　　　　　　　　（　　）

8.经省、自治区、直辖市人民政府批准,经济发达地区土地使用税的适用税额标准可以适当提高,但提高额不得超过暂行条例规定最高税额的30%。　　　　　　（　　）

9.经省、自治区、直辖市人民政府批准,经济落后地区城镇土地使用税的适用税额可以适当降低,但降低额不得超过《中华人民共和国城镇土地使用税暂行条例》规定的最低税额的20%。　　　　　　　　　　　　　　　　　　　　　　　　　　　　　（　　）

10.城镇土地使用税与房产税、城市维护建设税的征税范围一样,都包括农村。（　　）

任务驱动

【工作任务1】 晶源电子公司2013年占地面积为10 000平方米。其中生产用地9 500平方米,幼儿园占地500平方米,该单位所在地城镇土地使用税税额标准为3元/平方米。

请你为该公司计算年应纳城镇土地使用税税额。

【工作任务2】 新发商贸城2013年占地面积为13 000平方米。其中坐落在一级地段的商场占地面积为10 000平方米,坐落在四级地段的商品库房占地面积为3 000平方米。

计算该商贸城2013年应纳城镇土地使用税税额。(该市城镇土地使用税税额标准为:一级地段5元/平方米,四级地段1元/平方米。)

【工作任务3】 万达公司占地面积为50 000平方米,坐落地点为二级地段,该市规定城镇土地使用税分四期缴纳。

已知二级地段的城镇土地使用税税额标准为4元/平方米,请你为该公司计算每期应纳城镇土地使用税税额。

【工作任务4】 天源公司2013年共计拥有土地65 000平方米,其中子弟学校占地3 000平方米、幼儿园占地1 200平方米、公司内部绿化占地2 000平方米。2013年的上半年公司共有房产原值4 000万元,7月1日起公司将原值200万元、占地面积400平方米的一栋仓库出租给某商场存放货物,租期1年,每月租金收入1.5万元。8月10日对委托施工单位建设的生产车间办理验收手续,由在建工程转入固定资产原值500万元。

已知该公司所处地段的城镇土地使用税为4元/平方米,请你为该公司计算当年应缴纳的城镇土地使用税税额。

城镇土地使用税纳税申报表表单样式

表 9-2 城镇土地使用税纳税申报表

纳税人识别号: ☐☐☐☐☐☐☐☐☐☐☐☐☐☐☐☐

纳税人名称:(公章) 税款所属期限:自 年 月 日至 年 月 日

填表日期: 年 月 日 金额单位:元(列至角分)

土地等级	应税面积	单位税额	本期应纳税额	本期已缴税额	本期应补(退)税额
1	2	3	4	5	6=4-5
Ⅰ					
Ⅱ					
合计		—			

纳税人或代理人声明: 此纳税申报表是根据国家税收法律的规定填报的,我确信它是真实的、可靠的、完整的。	如纳税人填报,由纳税人填写以下各栏		
	经办人(签章)	会计主管(签章)	法定代表人(签章)
	如委托代理人填报,由代理人填写以下各栏		
	代理人名称		代理人(公章)
	经办人(签章)		
	联系电话		

以下由税务机关填写:

受理人: 受理日期: 受理税务机关(签章):

填表说明:

一、本表适用于城镇土地使用税纳税人填报。

二、本表按照土地等级分别填报,各土地等级对应栏次根据附表"年初申报土地面积"和"年内增减占地面积"相同土地等级对应栏次的合计填写。

子项目三 耕地占用税纳税实务

◆ 知识目标

1. 正确识别耕地占用税的纳税义务人;

2. 掌握耕地占用税的征税范围、计税依据;

3. 掌握耕地占用税的税收优惠政策;

4. 掌握耕地占用税应纳税额的计算;

5. 掌握耕地占用税的征收方式。

◆ 能力目标

1. 能正确运用耕地占用税的税收优惠政策;

2. 能根据企业实际耕地占用行为正确计算应纳税额;

3. 能正确填制耕地占用税的纳税申报表;

4.能为企业办理耕地占用税的纳税申报和缴纳业务；

5.能独立到税务局网站上下载耕地占用税的相关表格和资料。

知识小结

1.关键术语

耕地占用税、耕地、地区差别定额税率、耕地面积。

2.本章重点

本章重点：耕地占用税的征税范围、税收优惠和应纳税额的计算。

能力训练

一、单项选择题

1.耕地占用税是对占用耕地建房或从事非农业建设的单位或个人，就其（　　　）实际征收的一种税。

A.占用耕地价值　　　　　　　　B.实际使用土地面积

C.占用耕地面积　　　　　　　　D.承包土地面积

2.耕地占用税采用（　　　）税率。

A.产品差别定额　　　　　　　　B.幅度定额

C.统一定额　　　　　　　　　　D.地区差别定额

3.铁路线路、公路线路占用耕地（　　　）耕地占用税。

A.免征　　　　B.减征　　　　　　C.减半征收　　　D.正常征收

4.免征或者减征耕地占用税后，（　　　）不再属于免征或者减征耕地占用税情形的，应当按照当地适用税额补缴耕地占用税。

A.纳税人改变原占地用途　　　　B.纳税人继续使用免税耕地

C.纳税人将耕地转让给免税单位　　D.纳税人继续使用减税耕地

5.达胜昌公司占用林地40万平方米建造生态高尔夫球场，还占用林地100万平方米开发经济林木，所占耕地适用的定额税率为20元/平方米。该公司应缴纳耕地占用税（　　　）万元。

A.800　　　　　B.1 400　　　　　C.2 000　　　　　D.2 800

二、多项选择题

1.耕地占用税是对占用耕地（　　　）的单位或个人，就其实际占用耕地面积征收的一种税。

A.建房　　　　　B.从事非农业建设　C.承包　　　　　D.兴办农场

2.耕地占用税的纳税人是占用耕地建房或者从事非农业建设的单位或者个人，包括（　　　）。

A.国有企业　　　B.私营企业　　　　C.外国企业　　　　D.个体工商户

3.耕地占用税的征税范围包括（　　　）。

A.纳税人为建房而占用的国家所有的耕地

B.纳税人为建房而占用的集体所有的耕地

C. 纳税人为建设汽车修理厂而占用的国家所有的耕地

D. 纳税人为建设种子公司而占用的集体所有的耕地

4. 耕地占用税中占用的应予征税的"耕地"包括(   )。

A. 菜地   B. 花圃   C. 果园   D. 鱼塘

5. 下列单位用地减征耕地占用税的包括(   )。

A. 军事设施   B. 飞机场跑道   C. 养老院   D. 港口

三、判断题

1. 耕地占用税的纳税人不包括外商投资企业和外国企业。   (   )

2. 占用鱼塘从事其他旅游项目开发建设,不用缴纳耕地占用税。   (   )

3. 在占用前三年内的作为桑园的农用土地也视为应征耕地占用税的耕地。   (   )

4. 耕地占用税的税率按照人均耕地面积确定,人均耕地越多,耕地占用税税率越高。

(   )

5. 学校、幼儿园、养老院、医院占用耕地减按 2 元/平方米的税额征收耕地占用税。

(   )

耕地占用税纳税申报表表单样式

表 9-3   耕地占用税纳税申报表

申报日期: 年   月   日   金额:元(列至角分);面积:平方米

用地单位 (纳税人)	名称		联系人		联系电话	
	地址			税款所属日期		
	开户银行及账号			经济性质		
土地坐落						
征用土地面积			批准日期及文号			
建设项目性质			规划用途			
计税土地性质	水田	旱地	菜地	园地	鱼塘	其他	合计
分项面积							
计税面积		其中:公路 计税面积			计征税额		
批准减免税额				批准减免申请书编号		
应征税额	人民币(大写)					¥
保证金金额		保证金收据号码		微机流水号		
滞纳金 申报	逾期缴款金额		应缴款期限	逾期天数		应纳滞纳金

纳税申报人签字(盖章):

(以上由耕地占用税纳税人填写)

土地管理部门意见	财政(税务)部门受理意见	
	受理编号	
	处理意见:	
(单位盖章) 年 月 日	经办人:	审核人: 年 月 日

子项目四　土地增值税纳税实务

知识目标

1.正确识别土地增值税的纳税义务人；

2.掌握土地增值税的征税范围、计税依据；

3.掌握土地增值税的税收优惠政策；

4.掌握土地增值税的计算；

5.掌握土地增值税应纳税额的计算。

能力目标

1.能根据企业实际情况正确计算土地增值额、扣除项目金额；

2.能正确计算增值额与扣除项目金额的比率，正确选择适用税率；

3.能正确计算土地增值税的应纳税额；

4.能正确编制土地增值税的纳税申报表；

5.能为企业办理土地增值税的纳税申报和缴纳业务；

6.能独立到税务局网站上下载土地增值税的相关表格和资料。

知识小结

1.关键术语

土地增值税、土地增值税征税行为的认定标准、土地增值税的扣除项目、超率累进税率。

2.本章重点、难点

本章重点：土地增值税的征税范围、纳税义务人税收优惠、计税依据、应纳税额的计算。

本章难点：土地增值税增值额的确定、土地增值税应纳税额的计算。

能力训练

一、单项选择题

1.纳税义务人建造普通标准住宅出售，增值额未超过扣除项目金额（　　）的，免征土地增值税。

A.20%　　　　　B.30%　　　　　C.40%　　　　　D.50%

2.2013年，隆兴房地产开发公司销售其新建商品房一幢，取得销售收入1.4亿元；已知该公司支付与商品房相关的土地使用权费及开发成本合计为4 800万元；该公司没有按房地产项目计算分摊银行借款利息；该商品房所在地的省政府规定计征土地增值税时房地产开发费用扣除比例为10%；销售商品房缴纳的有关税金770万元。该公司销售商品房应缴纳的土地增值税为（　　）万元。

A.2 256.5　　　　B.2 445.5　　　　C.3 070.5　　　　D.3 080.5

3.下列各项中,应当征收土地增值税的是( )。

A.公司与公司之间互换房产

B.房地产开发公司为客户代建房产

C.兼并企业从被兼并企业取得房产

D.双方合作建房后按比例分配自用房产

4.根据我国《土地增值税暂行条例》的规定,我国现行的土地增值税适用的税率属于( )。

A.比例税率   B.超额累进税率

C.定额税率   D.超率累进税率

5.下列各项中,属于土地增值税纳税人的是( )。

A.自建房屋转为自用的企业

B.出租房屋的企业

C.转让国有土地使用权的企业

D.将办公楼用于抵押并处于抵押期间的企业

6.隐瞒、虚报房地产成交价格的,按照( )计算征收土地增值税。

A.隐瞒、虚报的房地产成交价格加倍

B.提供的扣除项目金额加倍

C.最高一档税率

D.房地产评估价格

7.按照土地增值税法规的有关规定,纳税义务人提供扣除项目金额不实的,在计算土地增值额时,应按照( )。

A.税务部门估定的价格扣除

B.税务部门与房地产主管部门协商的价格扣除

C.房地产评估的价格扣除

D.房地产原值减除30%后的余值扣除

8.下列各项中,应征收土地增值税的是( )。

A.赠予社会公益事业的房地产

B.个人之间互换自有居住用房

C.抵押期满权属转让给债权人的房地产

D.兼并企业从被兼并企业得到的房地产

9.昌盛房地产开发公司整体出售了其新建的商品房,与商品房相关的土地使用权支付额和开发成本共计 10 000 万元;该公司没有按房地产项目计算分摊银行借款利息;该项目所在地省政府规定,计征土地增值税时房地产开发费用扣除比例按国家规定允许的最高比例,该项目的有关税金为 200 万元。该商品房项目缴纳土地增值税时,应扣除的房地产开发费用和"其他扣除项目"的金额为( )万元。

A.1 500   B.2 000   C.2 500   D.3 000

10.兴盛食品厂 2013 年转让一幢新建办公楼取得收入 5 000 万元,该办公楼建造成本和相关费用 3 700 万元,缴纳与转让办公楼相关的税金 277.5 万元(其中印花税金 2.5 万元)。该食品厂应缴纳的土地增值税为(　　)万元。

A.96.75　　　　　B.97.50　　　　　C.306.75　　　　　D.307.50

二、多项选择题

1.土地增值税的征税范围包括(　　)。

A.转让国有土地使用权

B.出让国有土地使用权

C.地上建筑物及其附着物连同国有土地使用权一并转让

D.房地产的代建房行为

2.根据《土地增值税条例》规定,对从事房地产开发的纳税义务人,可按(　　)之和加计 20%扣除。

A.取得土地使用权所支付的金额

B.房地产开发成本

C.房地产开发费用

D.与转让房地产有关的税额

3.下列业务应缴纳土地增值税的有(　　)。

A.房地产评估增值的

B.某商业企业以土地作价入股投资开办工厂的

C.将自有房产赠送给客户的

D.出地、出资双方合作建房,建成后又转让的

4.下列项目中,计征土地增值税时需要用评估价格来确定转让房地产收入、扣除项目金额的包括(　　)。

A.出售新房屋及建筑物的

B.出售旧房屋及建筑物的

C.虚报房地产成交价格的

D.以房地产进行投资联营的

5.转让(　　)的单位和个人为土地增值税的纳税义务人。

A.国有土地使用权

B.存量房地产

C.开发的商品房

D.集体土地使用权

6.下列各项行为可以免征土地增值税的有(　　)。

A.企业与企业之间的房地产交换

B.企业以房地产对外投资

C.在兼并过程中被兼并企业的房地产转让到兼并企业

D.因国家收回国有土地使用权而使房地产权属发生转让

7.下列各项中,符合土地增值税法有关规定的有(　　)。

A.个人转让居住未满 3 年的自用住房,按规定计征土地增值税

B.个人转让居住未满 1 年的自用住房,加征 50% 的土地增值税

C.个人转让居住满 3 年未满 5 年的自用住房,减半征收土地增值税

D.个人转让居住满 5 年或 5 年以上的自用住房,免予征收土地增值税

8.在计算土地增值税应纳税额时,纳税义务人为取得土地使用权支付的地价款准予扣除。这里的地价款是指(　　)。

A.以协议方式取得土地使用权的,为支付的土地出让金

B.以转让方式取得土地使用权的,为实际支付的地价款

C.以拍卖方式取得土地使用权的,为支付的土地出让金

D.以行政划拨方式取得的土地使用权变更为有偿使用的,为补交的土地出让金

9.下列情形中(　　)应采取预征方法,即在征收土地增值税后清算税款的征税办法。

A.开发小区先行转让部分房地产的

B.预售商品房的

C.赊销旧房地产的

D.合作建房分别出售的

10.下列各项中,符合土地增值税征收管理有关规定的有(　　)。

A.纳税人建造普通标准住宅出售,增值额未超过扣除项目金额 20% 的,减半征收土地增值税

B.纳税人建造普通标准住宅出售,增值额未超过扣除项目金额 20% 的,免征土地增值税

C.纳税人建造普通标准住宅出售,增值额超过扣除项目金额 20% 的,应对其超过部分的增值额按规定征收土地增值税

D.纳税人建造普通标准住宅出售,增值额超过扣除项目金额 20% 的,应就其全部增值额按规定征收土地增值税

三、判断题

1.对从事房地产开发的纳税义务人,在计算土地增值税扣除项目时,可按取得土地使用权所支付的金额和房地产开发成本的金额之和加计 20% 扣除。　　　　　　　　(　　)

2.财务费用中的利息支出,凡能够按转让房地产项目计算分摊并提供金融机构证明的允许据实扣除,但是最高不能超过按商业银行同类同期贷款利率计算的金额。(　　)

3.土地增值税的纳税义务人为转让国有土地使用权、地上建筑物及其附着物并取得收入的单位和个人。单位包括各类企业、事业单位,但不包括学校、医院;个人包括个体经营者。　　　　　　　　　　　　　　　　　　　　　　　　　(　　)

4.因国家建设、城市实施规划需要搬迁的房屋,由纳税义务人自行转让的可以免征土地增值税。　　　　　　　　　　　　　　　　　　　　　　　　　(　　)

5.纳税义务人转让房地产,其增值额占扣除项目金额的比例未达到 20% 的,免征土

地增值税。 （　　）

6.转让旧房的,应按房屋的净值、取得土地使用权所支付的地价款和按国家统一规定缴纳的有关费用及在转让环节缴纳的税金作为扣除项目金额计征土地增值税。 （　　）

7.土地增值税的纳税义务人应在转让房地产合同签订后的7日内,到房地产所在地主管税务机关办理纳税申报。 （　　）

8.纳税义务人因经常发生房地产转让而难以在每次转让后申报的,经税务机关审核同意后,可以定期进行纳税申报,具体期限由税务机关根据情况确定。 （　　）

9.对被兼并企业将房地产转让到兼并企业中的,应当征收土地增值税。 （　　）

10.土地增值税的纳税义务人应向核算地主管税务机关办理纳税申报,并在税务机关核定的期限内缴纳土地增值税。 （　　）

任务驱动

【工作任务1】 2013年3月31日,博泰房地产开发公司转让写字楼一幢,共取得转让收入5 000万元,公司即按税法规定缴纳了有关税金(营业税税率为5%,城市维护建设税等其他税金25万元)。已知该公司为取得土地使用权而支付的地价款和按国家统一规定缴纳的有关费用为500万元;投入的房地产开发成本为1 500万元,房地产开发费用中的利息支出为120万元(能够按转让房地产项目计算分摊并提供金融机构证明),比按工商银行同类同期贷款利率计算的利息多出10万元。公司所在地政府规定的其他房地产开发费用的计算扣除比例为5%。

请你为该公司计算转让此楼应缴纳的土地增值税税额。

【工作任务2】 北林公司(非房地产开发单位)建造并出售了一幢写字楼,取得了销售收入2 000万元(城市维护建设税税率为7%,教育费附加征收率为3%)。该单位建造此楼支付地价款300万元,房地产开发成本400万元,房地产开发费用中的利息支出200万元(能够按转让房地产项目计算分摊并提供银行证明),但其中有30万元的加罚利息,单位所在地规定的房地产开发费用计算扣除比例为5%。

请你为该单位计算应缴纳的土地增值税税额。

【工作任务3】 九江房地产开发公司建造一幢普通标准住宅出售,取得销售收入600万元(假设城市维护建设税税率为7%,教育费附加征收率为3%)。该公司建造普通住宅支付的地价款为100万元,建造此楼投入300万元的开发成本,由于该公司同时建造别墅等住宅对银行利息支出无法分摊,该地规定开发费用计提比例为10%。

为该公司计算转让此普通住宅应缴纳的土地增值税税额。

【工作任务4】 鸿发房地产开发公司建造一幢普通标准住宅出售,取得销售收入600万元,该公司为建造此住宅而支付的地价款及有关费用为80万元,开发成本为270万元,借款利息不能合理分摊,当地政府规定房地产开发成本可按最高限额扣除。营业税税率为5%,城市维护建设税税率为7%,教育费附加征收率为3%。

请你判断该公司此项行为是否应缴纳土地增值税,为什么?如果应缴纳土地增值税,则应缴纳多少?

土地增值税纳税申报表表单样式

表 9-4 　　　　　　土地增值税纳税申报表(从事房地产开发的纳税人适用)

税款所属时间:自　年　月　日至　年　月　日

金额单位:元(列至角分)　　　　　　　面积单位:平方米

纳税人识别号: ☐☐☐☐☐☐☐☐☐☐☐☐☐☐

纳税人名称		填报时间	年　月　日
纳税人地址			

项目	行次	金额
一、转让房地产收入总额 1＝2＋3	1	
其中　货币收入	2	
实物收入及其他收入	3	
二、扣除项目金额合计 4＝5＋6＋13＋16＋20	4	
1.取得土地使用权所支付的金额	5	
2.房地产开发成本 6＝7＋8＋9＋10＋11＋12	6	
其中　土地征用及拆迁补偿费	7	
前期工程费	8	
建筑安装工程费	9	
基础设施费	10	
公共配套设施费	11	
开发间接费用	12	
3.房地产开发费用 13＝14＋15	13	
其中　利息支出	14	
其他房地产开发费用	15	
4.与转让房地产有关的税金等 16＝17＋18＋19	16	
其中　营业税	17	
城市维护建设税	18	
教育费附加	19	
5.财政部规定的其他扣除费用	20	
6.加计扣除项目 21＝(5＋6)×20%	21	
三、增值额 22＝1－4	22	
四、增值额与扣除项目之比(%)23＝22÷4	23	
五、适用税率(%)	24	
六、速算扣除系数(%)	25	
七、应缴土地增值税税额 26＝22×24－4×25(预缴土地增值税 26＝1×24)	26	
八、已缴土地增值税税额	27	
九、应补(退)土地增值税税额 27＝25－26	28	

如纳税人填报,由纳税人填写以下各栏			如委托代理人填报,由代理人填写以下各栏		
会计主管 (签章)	经办人 (签章)	法人代表 (签章)	代理人名称		代理人 (签章)
			代理人地址		
			经办人	电话	
以下由税务机关填写			收到申报表日期		接收人

表 9-5   **土地增值税纳税申报表(非从事房地产开发的纳税人适用)**

税款所属时间:自 年 月 日至 年 月 日

金额单位:元(列至角分)   面积单位:平方米

纳税人识别号:□□□□□□□□□□□□□□□

纳税人名称			填报时间	年 月 日
项目			行次	金额
一、转让房地产收入总额 1=2+3			1	
其中	货币收入		2	
	实物收入及其他收入		3	
二、扣除项目金额合计 4=5+6+9			4	
1.取得土地使用权所支付的金额			5	
2.旧房及建筑物的评估价格 6=7×8			6	
其中	旧房及建筑物的重置成本价		7	
	成新度折合率		8	
3.与转让房地产有关的税金等 9=10+11+12+13			9	
其中	营业税		10	
	城市维护建设税		11	
	印花税		12	
	教育费附加		13	
三、增值额 14=1-4			14	
四、增值额与扣除项目之比(%)15=14÷4			15	
五、适用税率(%)			16	
六、速算扣除系数(%)			17	
七、应缴土地增值税税额 25=14×16-4×17			18	

如纳税人填报,由纳税人填写以下各栏			如委托代理人填报,由代理人填写以下各栏		
会计主管 (签章)	经办人 (签章)	法人代表 (签章)	代理人名称		代理人 (签章)
			代理人地址		
			经办人	电话	
以下由税务机关填写		收到申报表日期		接收人	

子项目五 房产税纳税实务

◆ 知识目标

    1.正确识别房产税和契税的纳税义务人;

    2.掌握房产税和契税的征税范围、计税依据;

    3.掌握房产税和契税的税收优惠政策;

    4.掌握房产税和契税应纳税额的计算。

能力目标

1. 能根据企业实际情况正确计算房产税和契税的应纳税额；

2. 能正确填制房产税和契税的纳税申报表；

3. 能为企业办理房产税和契税的纳税申报和缴纳业务；

4. 能正确运用房产税和契税的税收优惠政策；

5. 能独立到税务局网站上下载房产税和契税的相关表格和资料。

知识小结

1. 关键术语

房产税、计税余值、租金收入、契税、不动产所有权转移、国有土地使用权出让、土地使用权转让、房屋买卖、房屋赠予、房屋交换。

2. 本章重点、难点

本章重点:房产税和契税的征税范围、税率、计税依据与应纳税额的计算。

本章难点:房产税计税余值的确认、契税征税范围的确认。

能力训练

一、单项选择题

1. 下列房产中应免征房产税的是(   )。

A. 公园中的影剧院   B. 公园中的饮食部

C. 公园中的照相馆   D. 公园中的售票处

2. 纳税义务人自行新建房屋用于生产经营的,从(   )起缴纳房产税。

A. 生产经营之月   B. 建成之月

C. 生产经营之次月   D. 建成之次月

3. 下列房产中免征房产税的是(   )。

A. 化工厂的生产用房   B. 个人拥有的经营用房

C. 个人自住用房   D. 保险公司自用房产

4. 李某拥有房屋 6 间,其中 3 间用于自己居住;另外 3 间出租给一家理发店,月租金收入 2 000 元。李某当年应纳(   )元的房产税。

A. 80   B. 240   C. 24   D. 8

5. 某生产企业拥有房产如下:用于生产经营的厂房,房产原值 3 000 万元;一座职工医院,房产原值 200 万元;一个幼儿园和一个仓库。该企业将仓库出租,年租金 6 万元。按当地政府规定,允许以房产原值减除 20% 后计征房产税。该企业当年应缴纳的房产税为(   )万元。

A.37.92　　　　B.36　　　　　　C.28.8　　　　　D.43.2

6.在以下行为中,应缴纳契税的是(　　)。

A.以相等的价格交换房屋

B.城镇职工按国家规定面积第一次购买公有住房

C.以土地、房屋权属抵债

D.个人承包荒山土地使用权,用于农业生产

7.对个人购买普通住房,且该住房属于家庭唯一住房的(　　)征收契税。

A.正常　　　　B.减半　　　　　C.免于　　　　　D.减按1%

8.某公司某年发生两笔互换房产业务,并已办理了相关手续。第一笔业务换出的房产价值500万元,换进的房产价值800万元;第二笔业务换出的房产价值600万元,换进的房产价值300万元。已知当地政府规定的契税税率为3%,该公司应缴纳契税(　　)万元。

A.0　　　　　B.9　　　　　　C.18　　　　　D.33

9.某企业2011年委托施工企业修建物资仓库,8月中旬办理验收手续,工程结算支出100万元,并按此价值计入固定资产核算,已知当地省政府确定计算余值的扣除比例为30%。该企业新建仓库2011年度应缴纳房产税(　　)元。

A.8 400　　　B.3 500　　　　C.5 600　　　　D.2 800

10.对个人购买90平方米以下普通住房,且该住房属于家庭唯一住房的,(　　)征收契税。

A.正常　　　　B.减半　　　　　C.免于　　　　　D.减按1%税率

二、多项选择题

1.下列房产中,应缴纳房产税的有(　　)。

A.财政部门拨付事业经费的单位自用房屋

B.自收自支的事业单位的房屋

C.个人生产、经营用房屋

D.免税单位出租的房屋

2.房屋产权所有人不在房产所在地的,其实际(　　)为纳税义务人。

A.使用人　　　B.代管人　　　　C.产权所有人　　D.承租人

3.下列属于房产税纳税义务人的有(　　)。

A.租用某写字楼的公司　　　　　　B.购买商品房并居住的个人

C.房屋产权出典的承典人　　　　　D.拥有房屋产权的出版社

4.下列房产可以免缴房产税的有(　　)。

A.差额预算管理的事业单位的办公用房　B.政府机关家属院的商店

C.某出版社的读者服务部　　　　　D.居民住所

5.房产税的纳税义务发生时间为(　　)。

A. 自建新房用于生产经营，从建成次月起缴纳房产税

B. 原有房产用于生产经营，从生产经营之月起缴纳房产税

C. 委托施工单位建房，从验收手续办理完成后次月起缴纳房产税

D. 新建房屋办理竣工手续前出租出借，从出租出借次月起缴纳房产税

6. 在征收契税过程中，具有土地、房屋权属转移合同性质的凭证包括（　　）。

A. 具有合同效力的契约、协议　　　　B. 典当合同

C. 与建设银行签订的个人住房按揭合约 D. 政府部门批准的用地批复

7. 下列各项中，按税法规定应缴纳契税的有（　　）。

A. 农民承包荒山造林的土地　　　　B. 银行承受企业抵债的房产

C. 科研事业单位受赠的科研用地　　　D. 劳动模范获得政府奖励的住房

8. 下列项目中免征契税的有（　　）。

A. 学校承受的对外营业的宾馆

B. 城镇职工首次购买的公有住房

C. 土地被县以上人民政府征用后，重新承受的土地

D. 承受荒山、荒丘土地使用权，用于果园建设

9. 下列各项中，关于房产税的免税规定表述正确的有（　　）。

A. 对高校后勤实体免征房产税

B. 对非营利性医疗机构的房产免征房产税

C. 房管部门向居民出租的公有住房免征房产税

D. 应税房产大修停用 3 个月以上的，在大修期间可免征房产税

10. 下列各项中，有关契税的规定正确的有（　　）。

A. 对个人购买的经济适用住房，在法定税率的基础上减半征收契税

B. 对个人购买普通住房，且该住房属于家庭唯一住房的，减半征收契税

C. 对个人购买 90 平方米以下普通住房，且该住房属于家庭唯一住房的，减按 2% 征收契税

D. 契税在土地、房屋所在地的征收机关缴纳

三、判断题

1. 房产税应由房产所在地的税务机关征收；房产与纳税义务人不在一地的，应按房产的坐落地点向房产所在地的税务机关缴纳房产税。（　　）

2. 对公园内的影剧院、饮食部、茶座、照相馆等使用的房产，不征收房产税。（　　）

3. 农民李某在本村东大街开设了一家餐馆，因属经营性质，所以餐馆用房应缴纳房产税。（　　）

4. 新村小学将一闲置房屋改建成一小卖部，8 月 25 日开始营业，所以应从 8 月 25 日开始缴纳房产税。（　　）

5. 旺旺公司委托施工企业建成 A、B 两栋房屋，3 月份办理了验收手续，A 栋房 2 月

份完工就已出租使用。按税法规定应在 4 月份缴纳房产税。　　　　　（　）

6.在契税征收中,土地使用权转让包括土地使用权出租,但不包括农村集体土地承包经营权的转移。　　　　　　　　　　　　　　　　　　　　　　（　）

7.A 方将房产转让给 B 方,A 方应缴纳营业税、城市维护建设税、印花税和契税等。　　　　　　　　　　　　　　　　　　　　　　　　　　　　　　　（　）

8.甲向乙借款后无力偿还,以使用价值 100 万元的房屋归还欠款,乙方应以 100 万元为计税依据计算缴纳契税。　　　　　　　　　　　　　　　　　　　　　（　）

9.企业依据法律规定、合同约定分设为两个或两个以上投资主体相同的企业,对派出方、新设方承受原企业土地、房屋权属,不征收契税。　　　　　　　　　（　）

10.企业依照有关法律法规的规定实施关闭、破产后,对非债权人承受关闭、破产企业土地、房屋权属,凡妥善安置原企业 30％以上职工的,减半征收契税;全部安置原企业职工的,免征契税。　　　　　　　　　　　　　　　　　　　　　　　（　）

◆ 任务驱动

【工作任务 1】 好利来公司 2013 年拥有两栋房产,一栋用于本公司生产经营,其房产原值为 1 200 万元;另一栋租给一商店,该栋楼的房产原值为 1 100 万元,当年共收取租金 150 万元。

计算该公司当年全年应缴纳的房产税税额。(该地房产税的扣除率为 30％)

【工作任务 2】 宏发企业有房产原值 1200 万元,2013 年 6 月 1 日将其中的 40％用于对外投资,不承担投资风险,投资期限为 3 年,当年取得固定利润分红 24 万元。

已知当地政府规定的扣除比例为 20％,计算该企业 2013 年度应缴纳的房产税。

【工作任务 3】 某地段属某市黄金地带,市政府规定招标出让,最后由华侨张某夺标购得。出让合同规定成交价格为 3 000 万元。

当地规定契税税率为 4％,请你为张某计算应缴纳的契税税额。

【工作任务 4】 城市居民李某与房地产开发商签订了"双包代建"合同。合同中约定,由开发商办理建设项目规划许可证、准建证、土地使用证、房屋质量鉴定书等手续,且一切费用由开发商负担,最后由开发商协助办理房屋所有权证;李某拿到产权证后按地价与房价之和向开发商一次性付款,共计 40 万元(每平方米 3 000 元,认定为普通住房)。

当地规定普通住房契税税率为 1.5％,李某应纳契税多少元?

【工作任务 5】 刘芳与吴华交换房屋,刘芳获得差价 30 000 元。

当地规定的契税税率为 5％,刘芳应缴纳多少契税?

房产税纳税申报表表单样式

表9-6

房产税(城市房地产税)纳税申报表

纳税人识别号:

纳税人名称:(公章)　　税款所属期间:　年　月　日至　年　月　日　　填表日期:　年　月　日　　金额单位:元(列至角分)

项目	房产增减月份	房产原值	税法规定的免税房产原值	从租计税的房产原值	从价计税的房产原值	计税房产余值	税率	从价计税房产全年应纳税额(从价计税房产全年应纳税额)	核定缴纳次数	本期应纳税额	本期已缴税额	本期应补(退)税额
		1	2	3	4	5=2-3-4	6=5×(1-30%)	7	8	9	10	11	12=10-11
年初房产原值(评估值)房产税申报计算	—												
小计													
年内房产原值(评估值)增减房产税申报计算	—											—	
小计													
合计	—							—					

以下由税务机关填写:

受理人	受理日期	受理税务机关(签章)

填表说明:

一、本表适用于中国境内房产纳税人填报。

二、"年初房产原值(评估值)房产税申报计算"对应栏次只填写按年初房产原值(评估值)计算的房产税,该数据一年内不变动。有下列情况之一的,在"年内房产原值(评估值)增减房产税申报计算"对应栏次内填写:年内房产原值增减变动的;从价计税的房产原值增减变动的;免税房产原值增减变动的。

三、第8列"从价计税房产全年应纳税额"填写房产原值未发生变化的、房产原值全年应冲抵税额的情况;"从价计税额"填写房产计税房产原值全年应冲抵税额"填写房产计税房产原值全年各申报期的各申报期都填写的,对应房产坐落地逐个填列。

四、房产原值增加的,8列=6列×7列;10列=8列×本期应纳税月数÷12;10列=8列÷9列。

五、房产原值减少的,8列=6列×7列;10列=8列×本年不纳税月数÷12;10列=8列÷9列。

六、纳税人房产原值在纳税年度内发生增减变化时按房产税申报计算"对应按栏次对应的各申报期都必须填写,增加填正数,减少填负数。

七、本表"年初房产原值房产税申报计算"与"年内房产原值(值)增减房产税申报计算"对应目均按房产税申报计算"对应栏次均按房产坐落地逐个填列。

契税纳税申报表表单样式

表 9-7 　　　　　　　　　　　契税纳税申报表

根据《中华人民共和国契税暂行条例》规定：凡在中华人民共和国境内转移土地、房屋权属，承受的单位和个人为契税的纳税人，均应按照规定缴纳契税。

纳税人应当自纳税义务发生之日起 10 日内，向房屋、土地所在地的契税征收机关办理纳税申报。

填表日期：　　年　月　日　　　　　　　　　　金额单位：元（列至角分）

纳税人名称			纳税人识别号									
税款所属时期	年　月　日至　年　月　日		税款缴款书号码									
承受人（纳税人）	名　称		证件号码									
	地　址		联系电话									
	共有人											
出让方	名　称		证件号码									
	地　址		联系电话									
	共有人											
房屋、土地权属转移情况	立契时间	年　月　日	合同号									
	契证编号		交易类别									
	坐　落											
	容积率		建造年代									
	转移方式		权属用途									
	转移面积		申报金额									
	其他情况说明											
税款计算	项目	计税面积	计税单价	计税价格	税率	计征税额	应纳税额					
减免税情况	契税减免申请编号		批准减免契税额									
应缴税款合计		以上内容是根据您或您的全权委托代理人所提供的资料填列，请仔细核对。确认申报内容真实、准确、完整以后，在下面画线处签名或盖章。										
	纳税人或全权代理人		时间	年　月　日								

子项目六　车船税纳税实务

◆ 知识目标

1. 正确识别车船税的纳税义务人、征税范围；
2. 熟悉车船税的分类分级幅度税额；
3. 掌握车船税的计税依据与应纳税额的计算；
4. 掌握车辆购置税的征收范围；
5. 掌握车辆购置税的计税价格和应纳税额的计算。

能力目标

1. 能正确运用车船税和车辆购置税的税收优惠政策；
2. 能根据企业实际情况正确计算车船税和车辆购置税的应纳税额；
3. 能正确填制车船税和车辆购置税的纳税申报表；
4. 能为企业办理车船税和车辆购置税的纳税申报和税款缴纳业务；
5. 能独立到税务局网站上下载车船税和车辆购置税的相关表格和资料。

知识小结

1. 关键术语

车船税、车辆购置税。

2. 本章重点、难点

本章重点：车船税和车辆购置税的征税范围、税率、计税依据与应纳税额的计算。

本章难点：车船税征税范围的确认、车辆购置税的计税价格。

能力训练

一、单项选择题

1. 按规定，企业上了外省市车船牌照的车船，应在（　　）缴纳车船税。

　　A. 车船购买地　　　　　　　　　　B. 车船使用地

　　C. 车船登记注册地　　　　　　　　D. 企业经营地

2. 按规定，纳税义务人新购置的车船，从（　　）起发生纳税义务。

　　A. 使用之日　　　　　　　　　　　B. 购置使用的当月

　　C. 购置使用的次月　　　　　　　　D. 使用的次日

3. 不属于《车船税法》中规定的免税范围的车船是（　　）。

　　A. 港口作业车　　　　　　　　　　B. 公交公司的客车

　　C. 政府机关办公用车　　　　　　　D. 救护车

4. 按"净吨位"为计税依据计算车船税的是（　　）。

　　A. 摩托车　　　　B. 载货汽车　　　　C. 机动船舶　　　　D. 货车

5. 车辆适用的车船税税率形式是（　　）。

　　A. 比例税率　　　　　　　　　　　B. 超额累进税率

　　C. 超率累进税率　　　　　　　　　D. 定额税率

6. 车辆购置税由（　　）征收。

　　A. 交通局　　　　　　　　　　　　B. 国家税务局

　　C. 地方税务局　　　　　　　　　　D. 财政机关

7. 纳税义务人购买应税车辆，应当自购买之日起（　　）内向车辆登记注册地的主管税务机关申报纳税。

　　A. 15 日　　　　B. 30 日　　　　C. 60 日　　　　D. 90 日

8.车辆购置税的征税范围不包括(　　　)。

A.中国人民解放军列入军队武器装备订货计划的车辆

B.事业单位购买的自用车辆

C.社会团体进口的自用车辆

D.国家机关购买的自用车辆

9.根据车船税的相关规定,对城市、农村公共交通车船可给予定期减税、免税的优惠,有权确定定期减税、免税的部门是(　　　)。

A.省级人民政府　　　　　　　　B.省级税务机关

C.县级人民政府　　　　　　　　D.县级税务机关

10.车辆购置税是对有取得并自用(　　　)行为的单位和个人征收的一种税。

A.畜力车　　　　　　　　　　　B.船舶

C.应税车辆　　　　　　　　　　D.自行车

二、多项选择题

1.征收车船税的车辆包括(　　　)。

A.汽车　　　　　　　　　　　　B.拖拉机

C.无轨电车　　　　　　　　　　D.电动自行车

2.下列关于车船税的表述中,正确的有(　　　)。

A.属于行为税类

B.适用于在我国境内使用车船的所有单位和个人

C.实行定额税率

D.按年申报缴纳

3.车船税征税过程中,以"辆"为计税依据的有(　　　)。

A.电车　　　　　　　　　　　　B.商用货车

C.摩托车　　　　　　　　　　　D.低速货车

4.下列车船免纳车船税的有(　　　)。

A.捕捞、养殖渔船

B.事业单位的班车

C.军队专用车船

D.新购置暂不使用的车辆

5.车船税的纳税义务发生时间为(　　　)。

A.应税车船的使用之日

B.取得车船所有权的当月

C.取得车船管理权的当月

D.停运后又重新使用的当月

6.车辆购置税的征收范围包括(　　　)。

A.汽车　　　　　　　　　　　　B.摩托车

C.畜力车　　　　　　　　　　　D.电车

7. 下列关于车辆购置税税收优惠的说法正确的有(　　　)。

A. 设有固定装置的非运输车辆免税

B. 纳税义务人以受赠方式取得并自用的应税车辆免税

C. 中国人民武装警察部队列入军队武器装备订货计划的车辆免税

D. 纳税义务人以获奖方式取得并自用的应税车辆免税

8. 车辆购置税的纳税义务人包括(　　　)。

A. 国有、集体企业　　　　　　　　B. 私营企业

C. 股份制企业　　　　　　　　　　D. 外商投资企业和外国企业

9. 车辆购置税应纳税额的计算公式为(　　　)。

A. 应纳税额=(计税价格+价外费用)×税率

B. 应纳税额=计税价格×税率

C. 应纳税额=同类型应税车辆的最低计税价格×税率

D. 应纳税额=应税车辆市场平均交易价格×税率

10. 根据车船税法的规定,下列表述属于车船税的法定减免的有(　　　)。

A. 养殖渔船　　　　　　　　　　　B. 警用车船

C. 城市公共交通车船　　　　　　　D. 农村公共交通车船

三、判断题

1. 只要拥有车船就要缴纳车船税。　　　　　　　　　　　　　　　(　　　)

2. 车船税实行定额税率,即对应税车船规定单位固定税额。　　　　(　　　)

3. 应纳车船税的船舶只包括机动船舶不包括非机动船舶。　　　　　(　　　)

4. 纳税义务人购买自用的应税车辆计算车辆购置税的计税价格,为纳税义务人购买应税车辆而支付给销售者的全部价款和价外费用,也包括增值税税款。　　　(　　　)

5. 拥有车船的事业单位不是车船税的纳税义务人。　　　　　　　　(　　　)

6. 纳税义务人购买自用或者进口自用应税车辆,申报的计税价格低于同类型应税车辆的最低计税价格而又无正当理由的,按照最低计税价格征收车辆购置税。　(　　　)

7. 购买者随购买车辆支付的工具件和零部件价款、车辆装饰费应作为购车价款的一部分,计入车辆购置税的计税价格并征税。　　　　　　　　　　　　　(　　　)

8. 购买者支付的增值税税款、控购费不应并入车辆购置税的计税价格计税。(　　　)

◆ 任务驱动

【工作任务1】 隆兴运输公司2013年初拥有并使用以下车辆和船舶:整备质量5.7吨的载货卡车10辆;整备质量为5.5吨的挂车5辆;净吨位1 600吨的船舶3艘,当地政府规定,载货汽车的税额为60元/吨,载客汽车的税额是420元/年,净吨位201吨至2 000吨的船舶,每吨4元,净吨位2001吨至10 000吨的船舶,每吨5元。

请根据上述资料,计算该运输公司2013年应缴纳的车船税税额。

【工作任务2】 昌盛船运公司2013年度拥有旧机动船30艘,每艘净吨位750吨,非机动驳船2艘,每艘净吨位150吨;当年5月新购置机动船6艘,每艘净吨位1 500吨,当月取得购买机动船的发票。

请你根据上述资料,为该船运公司计算 2013 年度应缴纳的车船税税额。

【工作任务3】 鸿发交通运输企业 2013 年初拥有 20 辆整备质量为 5 吨载重汽车,10 辆整备质量为 4 吨的挂车,2.5 吨载货汽车 8 辆,中型载客汽车 10 辆,其中包括 2 辆电车。

该企业所在地载货汽车年税额 20 元/吨,载客汽车的年税额是 520 元/辆。请根据上述资料,计算该交通运输企业当年度应缴纳的车船税税额。

车船税、车辆购置税纳税申报表表单样式

表 9-8　　　　　　　　车船税纳税申报表

纳税人识别号:□□□□□□□□□□□□□□□　　　纳税人名称:(公章)

税款所属期限:自　　年　　月　　日至　　年　　月　　日

填表日期:　　年　　月　　日　　　　　　　　　金额单位:元(列至角分)

车船类别		计税单位	税额标准	数量	吨位	本期应纳税额	本期已缴税额	本期应补(退)税额
载客汽车	乘坐人数大于或等于 20 人	每辆						
	乘坐人数大于 9 人小于 20 人	每辆						
	乘坐人数小于或等于 9 人	每辆	400	9		3 600		3 600
	发动机气缸总排气量小于等于 1 升	每辆						
载货汽车(包括半挂牵引车、挂车)		按自重每吨	100	11	20	22 000		22 000
三轮汽车		按自重每吨						
低速货车		按自重每吨						
摩托车		每辆						
专项作业车		按自重每吨						
轮式专用机械车		按自重每吨						
小计			—					25 600
船舶	净吨位 200 吨及以下	每吨	3 元					
	净吨位 201 吨至 2 000 吨	每吨	4 元					
	净吨位 2 001 吨至 10 000 吨	每吨	5 元					
	净吨位 10 001 吨及其以上	每吨	6 元					
小计			—					
合计								25 600

纳税人或代理人声明:　此纳税申报表是根据国家税收法律的规定填报的,我确信它是真实的、可靠的、完整的。	如纳税人填报,由纳税人填写以下各栏					
	经办人(签章)	赵健	会计主管(签章)	安丽莹	法定代表人(签章)	李立善
	如委托代理人填报,由代理人填写以下各栏					
	代理人名称			代理人(公章)		
	经办人(签章)					
	联系电话					

以下由税务机关填写:

受理人		受理日期		受理税务机关(签章)	

填表说明:

一、本表适用于自行申报车船税的纳税人填报。

二、本表"车船类别"相应栏次分别根据《附表》同类别车船对应栏次合计填写。

表9-9　　　　　　　　　　　车辆购置税纳税申报表

填表日期：　　年　月　日　　　　　行业代码：　　　　　　注册类型代码：

纳税人名称：　　　　　　　　　　　　　　　　　　　金额单位:元(列至角分)

纳税人证件名称		证件号码	
联系电话	邮政编码	地址	

车辆基本情况

车辆类别	1.汽车　2.摩托车　3.电车　4.挂车　5.农用运输车		
生产企业名称		机动车销售统一发票(或有效凭证)价格	
厂牌型号		关税完税价格	关税
发动机号码		免(减)税条件	消费税
车辆识别代号(车架号码)		购置日期	
申报计税价格	计税价格	税率	免税、减税额	应纳税额
1	2	3	4=2×3	5=1×3或2×3
		10%		

申报人声明	授权声明
此纳税申报表是根据《中华人民共和国车辆购置税暂行条例》的规定填报的,我相信它是真实的、可靠的、完整的。 声明人签字：	如果你已委托代理人申报,请填写以下资料: 　　为代理一切税务事宜,现授权(　　　)为本纳税人的代理申报人,任何与本申报表有关的往来文件,都可寄予此人。 授权人签字：

纳税人 (签章)	如委托代理人的,代理人应填写以下各栏		
	代理人名称	地址	代理人 (签章)
	经办人	电话	

接收人：　　　　　接收日期：　　　　　　主管税务机关(章)：

子项目七　印花税纳税实务

◆ 知识目标

1.正确识别印花税的征税范围、计税依据；

2.掌握印花税的减免税优惠政策；

3.掌握印花税应纳税额的计算；

4.掌握印花税的缴纳方法。

◆ 能力目标

1.能根据企业特定行为正确计算应纳税额；

2.能正确填制印花税的纳税申报表；

3.能为企业购买印花税票、贴花和划销；

4.能独立从税务局网站上下载印花税纳税申报表及相关资料。

知识小结

1. 关键术语

印花税、印花税的税目、印花税的税率、印花税的计算与征收管理。

2. 本章重点、难点

本章重点:印花税的纳税义务人、税目税率、计税依据和应纳税额的计算。

本章难点:计税依据、税率和应纳税额的计算、违章责任。

能力训练

一、单项选择题

1. 宏远公司 2013 年书立了以下合同:向某公司租赁设备一台,合同记载年租金 10 万元,租期三年;受甲公司委托加工一批产品,加工承揽合同中注明甲公司提供原材料金额 180 万元,支付加工费 20 万元。该公司 2013 年应纳印花税( )元。

A. 450　　　　　B. 940　　　　　C. 1 100　　　　　D. 400

2. 宏运木材公司以价值 30 万元的木材与 A 企业交换价值 40 万元的水泥,双方签订了购销合同,货物价差由木材公司补足。双方共缴纳印花税税额为( )元。

A. 90　　　　　B. 120　　　　　C. 240　　　　　D. 420

3. 按规定,企业( )免于缴纳印花税。

A. 与某农村供销社签订的货物收购合同

B. 与某企业签订的货物加工合同

C. 与某银行签订的贴息贷款合同

D. 与某单位签订的货物运输合同

4. 胜利进出口公司为购买一批设备同银行签订了 3 000 万元的借款合同。后因故改签融资租赁合同,租赁费为 1 000 万元,前借款合同作废。则该公司应缴纳印花税税额为( )元。

A. 2 000　　　　　B. 1 500　　　　　C. 11 500　　　　　D. 10

5. 在签订合同时无法确定计税金额的,可在签订时先按定额( )元贴花。

A. 5　　　　　B. 8　　　　　C. 10　　　　　D. 15

6. 对同一应税凭证贴花次数频繁的纳税义务人,适用的纳税办法是( )。

A. 自行贴花　　　　　　　　B. 汇贴纳税

C. 汇缴纳税　　　　　　　　D. 委托代征

7. 甲公司与乙公司分别签订了两份合同:一是以货换货合同,甲公司的货物价值 200 万元,乙公司的货物价值 150 万元;二是采购合同,甲公司购买乙公司 50 万元货物,但因故合同未能兑现。甲公司应缴纳印花税税额为( )元。

A. 150　　　　　B. 600　　　　　C. 1 050　　　　　D. 1 200

8. 志远公司受托加工制作广告牌,双方签订的加工承揽合同中分别注明加工费 40 000 元、委托方提供价值 60 000 元的主要材料、受托方提供价值 2 000 元的辅助材料。

该公司此项合同应缴纳印花税税额为( )元。

A.20 B.21 C.38 D.39

9.宏泰建筑公司与甲企业签订一份建筑承包合同,合同金额 6 000 万元(含相关费用50 万元)。施工期间,该建筑公司又将其中价值 800 万元的安装工程转包给乙企业,并签订转包合同。该建筑公司此项业务应缴纳印花税税额为( )万元。

A.1.785 B.1.8 C.2.025 D.2.04

10.已粘贴在应纳税凭证上的印花税票未注销或未划销的,税务机关追缴其不缴或少缴的税款、滞纳金,并处以未注销或者未划销印花税票金额( )的罚款。

A.1 倍至 5 倍 B.50%以上 5 倍以下

C.1 倍至 3 倍 D.2 000 元以上 10 000 元以下

二、多项选择题

1.下列需缴纳印花税的证照有( )。

A.工商营业执照 B.税务登记证

C.房屋产权证 D.土地使用证

2.加工承揽合同的计税依据为( )。

A.加工或承揽收入

B.受托方提供的原材料金额

C.受托方提供的辅助材料金额

D.委托方提供的原材料金额

3.下列合同免征印花税的有( )。

A.银行与企业之间签订的贴息贷款合同

B.作为正本使用的合同副本

C.房地产管理部门与个人签订的经营用房的房屋租赁合同

D.新建铁路临管线运输合同

4.下列应税凭证的计税依据正确的是( )。

A.购买股权转让书据,为书立当日证券市场实际成交价格

B.货物运输合同为运输、保险、装卸等各项费用合计

C.融资租赁合同为租赁费

D.以物易物的购销合同为合同所载的购销金额合计

5.印花税的纳税办法有自行贴花、汇贴汇缴和委托代征三种,其选择的依据为( )。

A.印花税税额大小 B.贴花次数

C.签订合同双方的单位性质 D.税收征管需要

6.下列借(贷)款合同应当缴纳印花税的有( )。

A.国际金融组织向我国金融机构提供优惠贷款的贷款合同

B.某企业向另一企业借贷所签订的书据

C.企业与某财务公司签订的借款合同

D.事业单位与银行签订的借款合同

7.下列各项中,应征收印花税的有( )。

A.分包或转包合同　　　　　　　B.会计咨询合同

C.财政贴息贷款合同　　　　　　D.未列明金额的购销合同

8.下列各项中,符合印花税有关规定的有( )。

A.已贴用的印花税票不得揭下重用

B.凡多贴印花税票者,不得申请退税或者抵用

C.应税合同不论是否兑现或按期兑现,均应贴花

D.伪造印花税票的,税务机关可处以伪造印花税票金额 3～5 倍的罚款

9.下列项目中,符合印花税相关规定的有( )。

A.加工承揽合同的计税依据为加工或承揽收入的金额

B.财产租赁合同的计税依据为所租赁设备的金额

C.仓储保管合同的计税依据为所保管货物的金额

D.货物运输合同的计税依据为取得的运输费金额

10.采用自行贴花方法缴纳印花税的,纳税义务人应( )。

A.自行申报应税行为　　　　　　B.自行购买印花税票

C.自行计算应纳税额　　　　　　D.自行一次贴足印花税票并注销

三、判断题

1.甲方委托乙方解决一项特定技术问题,就此事宜签订了一份技术服务合同,该合同的印花税应由甲方缴纳。 ( )

2.纳税人不论采用哪一种纳税办法,均应对纳税凭证妥善保存。印花税应税凭证的法定保管年限为 10 年。 ( )

3.一份购销合同中所载购销金额为 100 万元,实际结果为 120 万元,签订合同时已按 100 万元计算缴纳了印花税,因未修改合同,所以不再补缴印花税。 ( )

4.在应纳税凭证上未贴或少贴印花税票的,由税务机关追缴其不缴或少缴的税款、滞纳金,并处以不缴或少缴税款 50% 以上、5 倍以下的罚款。 ( )

5.甲公司与乙公司签订一份加工合同,甲公司提供价值 30 万元的辅助材料并收取加工费 25 万元,乙公司提供价值 100 万元的原材料。甲公司应纳印花税 275 元。 ( )

6.对应税凭证,凡由两方或两方以上当事人共同书立的,其当事人各方都是印花税的纳税义务人,应各就其所持凭证的计税金额履行纳税义务。 ( )

7.企业发生分立、合并和联营等变更后,凡无须重新进行法人登记的企业,原有资金账簿已贴印花税票继续有效。 ( )

8.印花税实行比例税率和定额税率两种税率。现行适用的比例税率,最高税率是最低税率的 40 倍。 ( )

9.甲乙双方签订一份仓储保管合同,合同上注明货物金额 500 万元,保管费用 10 万元。甲乙双方共应缴纳印花税 200 元。 ( )

10.印花税税目中,适用万分之三税率的有三个,分别是购销合同、建筑工程勘察设计合同和技术合同。 ( )

◆ 任务驱动

【工作任务1】 银河公司2013年2月开业,当年发生以下有关业务事项:领受房屋产权证、工商营业执照、土地使用权证各一件;与其他企业签订转让专用技术使用权的书据一份,所载金额100万元;订立产品购销合同一份,所载金额200万元;订立借款合同一份,所载金额400万元;公司记载资金的账簿中实收资本、资本公积为800万元;其他营业账簿10本。

请计算该公司2013年应缴纳的印花税税额。

【工作任务2】 银山公司2013年有关资料如下:

(1)实收资本比去年增加100万元。

(2)与银行签订一年期借款合同,借款金额300万元,年利率5%。

(3)与甲公司签订以货换货合同,本企业的货物价值350万元,甲公司的货物价值450万元。

(4)与乙公司签订受托加工合同,乙公司提供价值80万元的原材料,本企业提供价值15万元的辅助材料并收取加工费20万元。

(5)与丙公司签订转让技术合同,转让收入由丙公司按当年至2010年实现利润的30%支付。

(6)与货运公司签订运输合同,载明运输费用8万元(其中含装卸费0.5万元)。

(7)与铁路部门签订运输合同,载明运输费及保管费共计20万元。

逐项计算该公司2013年应缴纳的印花税税额。

【工作任务3】 兴业公司是一家高新技术企业,2013年8月份开业,注册资金220万元,当年发生经营活动如下:

(1)领受工商营业执照、房屋产权证、土地使用证各一份。

(2)建账时共设8个账簿,其中资金账簿中记载实收资本220万元。

(3)签订购销合同4份,共记载金额280万元。

(4)签订借款合同1份,记载金额50万元,当年取得借款利息0.8万元。

(5)与广告公司签订广告制作合同1份,分别记载加工费3万元,广告公司提供的原材料7万元。

(6)签订技术服务合同1份,记载金额60万元。

(7)签订租赁合同1份,记载租赁费金额50万元。

(8)签订转让专有技术使用权合同1份,记载金额150万元。

要求:(每问均为共计金额)

(1)计算领受权利许可证照应缴纳的印花税。

(2)计算设置账簿应缴纳的印花税。

(3)计算签订购销合同应缴纳的印花税。

(4)计算签订借款合同应缴纳的印花税。

(5)计算签订广告制作合同应缴纳的印花税。

(6)计算签订技术服务合同应缴纳的印花税。

(7)计算签订租赁合同应缴纳的印花税。

(8)计算签订专有技术使用权转让合同应缴纳的印花税。

印花税纳税申报表表单样式

表 9-10　　　　　　　　　　　印花税纳税申报表

纳税人识别号：☐☐☐☐☐☐☐☐☐☐☐☐☐☐☐

纳税人名称：(公章)　　　　税款所属期限：自　年　月　日至　年　月　日

填表日期：　年　月　日　　　　　　　　　金额单位：元(列至角分)

应税凭证	计税金额或件数	适用税率	核定征收		本期应纳税额	本期已缴税额	本期应补(退)税额
			核定依据	核定比例			
	1	2	3	4	5=1×2+2×3×4	6	7=5-6
购销合同		0.3‰					
加工承揽合同		0.5‰					
建设工程勘察设计合同		0.5‰					
建筑安装工程承包合同		0.3‰					
财产租赁合同		1‰					
货物运输合同		0.5‰					
仓储保管合同		1‰					
借款合同		0.05‰					
财产保险合同		1‰					
技术合同		0.3‰					
产权转移书据		0.5‰					
营业账簿(记载资金的账簿)		0.5‰	—	—			
营业账簿(其他账簿)		5元	—	—			
权利、许可证照		5元	—	—			
合计	—	—					

纳税人或代理人声明：	如纳税人填报,由纳税人填写以下各栏				
此纳税申报表是根据国家税收法律的规定填报的,我确信它是真实的、可靠的、完整的。	经办人(签章)		会计主管(签章)		法定代表人(签章)
	如委托代理人填报,由代理人填写以下各栏				
	代理人名称			代理人(公章)	
	经办人(签章)				
	联系电话				

以下由税务机关填写:

受理人		受理日期		受理税务机关(签章)	

填表说明:

一、本表适用于印花税(股票交易印花税除外)纳税人填报。

二、纳税人识别号指办理税务登记时由税务机关确定的税务登记号。

三、核定依据指采用核定方式征收印花税的应税凭证所对应的费用、收入金额。如购销合同对应采购金额、销售收入;加工承揽合同对应加工承揽金额;建筑安装承包合同对应承包金额等。

四、对于购销业务量较大的纳税人,在此申报表后须附《购销合同编号目录》。

项目十

税收征管与行政法制

任务1 税收征收管理

知识目标

1. 熟悉需要办理税务登记的情况；
2. 掌握设置账簿的范围；
3. 掌握发票管理和使用的相关规定；
4. 掌握税款征收的方式；
5. 熟悉纳税人违反税收征收管理的法律责任。

能力目标

1. 能为企业依法办理各类税务登记；
2. 能根据企业实际情况依法领购发票；
3. 能根据发生的经济业务事项正确填制发票并保管；
4. 会进行纳税申报；
5. 能够进行税款缴纳；
6. 能判断税收违法行为所应承担的法律责任。

知识小结

1. 关键术语

税收征收管理法、税务登记、开业税务登记、变更与注销税务登记、停业复业税务登记、账簿凭证管理、纳税申报、税款征收、税款优先原则、代扣代缴与代收代缴制度、延期缴纳税款制度、税收滞纳金征收制度、税额核定和税收调整制度、关联企业、税收保全措施、强制执行措施、欠税清缴制度、税款的退还与追征制度、税务检查、税收法律责任、偷税、虚假申报、逃避追缴税款、骗取出口退税、抗税、非法印制发票、税务机关渎职行为。

2. 本章重点、难点

本章重点：税务登记、纳税申报、税款征收、税收法律责任。

本章难点:开业与变更注销税务登记的区别与联系、税收保全措施与强制执行措施的操作联系、税收法律责任的认定与处理。

能力训练

一、单项选择题

1.下列各项中,符合《税收征收管理法》延期缴纳税款规定的是(　　)。

A.延期期限最长不得超过 6 个月,同一笔税款不得滚动审批

B.延期期限最长不得超过 3 个月,同一笔税款不得滚动审批

C.延期期限最长不得超过 6 个月,同一笔税款经审批可再延期一次

D.延期期限最长不得超过 3 个月,同一笔税款经审批可再延期一次

2.纳税义务人变更税务登记,应于(　　)日内将《税务登记变更表》填写完毕后交主管税务机关审核。

A.7　　　　　　B.10　　　　　　C.15　　　　　　D.60

3.下列情形中,纳税义务人不需要向原税务登记机关办理变更税务登记的有(　　)。

A.改变名称　　　　　　　　B.改变主管税务机关

C.改变开户银行和账号　　　　D.改变法人代表

4.从事生产经营的纳税义务人应自其领取工商营业执照之日起(　　)日内按照规定设置账簿。

A.5　　　　　　B.10　　　　　　C.15　　　　　　D.30

5.发票管理的下列情形中,不符合制度规定的是(　　)。

A.发票填开出现错误后,注明作废并重开

B.外来经营者凭有关证明可在经营地领购普通发票

C.发票印制实行不定期换版制度

D.全国统一发票监制章由国家税务总局确定

6.某彩电生产企业某年 10 月将 500 台彩电卖给当地的三个电器商城。为了尽快销售,企业在只收取 60% 销售金额的同时全额开具了增值税专用发票。其销售金额未按规定计入销售账户核算,根据规定应按(　　)论处。

A.骗税　　　　　B.偷税　　　　　C.抗税　　　　　D.逃税

7.纳税义务人超过应纳税额缴纳的税款,自结算缴纳税款之日起(　　)年内发现的,可要求退还。

A.5　　　　　　B.4　　　　　　C.3　　　　　　D.1

8.对纳税义务人骗取的退税款,税务机关的追征期是(　　)。

A.3 年内　　　　B.5 年内　　　　C.10 年内　　　　D.无限期

9.纳税义务人采取伪造、变造、隐匿、擅自销毁账簿、记账凭证,在账簿上多列支出或者不列、少列收入,或者进行虚假的纳税申报的手段,不缴或者少缴应纳税款的行为是(　　)。

A.欠税　　　　　B.抗税　　　　　C.漏税　　　　　D.偷税

10.税务机关对纳税义务人下列行为中要求提供纳税担保的有(　　　)。

A.纳税义务人偷税以后

B.纳税义务人欠税以后

C.纳税义务人被查封的商品由税务机关拍卖以后

D.纳税义务人在纳税期内有明显转移应税物品的迹象

11.下列各行为主体不能作纳税担保人的是(　　　)。

A.公民个人　　　　　　　　　　B.企业法人

C.经济组织　　　　　　　　　　D.国家机关

12.下列纳税担保行为中正确的是(　　　)。

A.无照经营的建筑工程队以现金做纳税担保

B.某市政府为其所属的某大型国有企业提供纳税担保

C.税务机关要求某个体商店用现金做纳税担保

D.某企业用已作银行贷款抵押的乘用车做纳税担保

13.税务机关对纳税义务人未按照规定的期限缴纳税款的,可责令限期缴纳,逾期仍未缴纳的,经县级以上税务局批准,可采取的正确措施是(　　　)。

A.书面通知纳税义务人开户银行或其他金融机构暂停支付纳税义务人存款

B.书面通知纳税义务人开户银行或其他金融机构从其存款中扣缴税款

C.扣押纳税义务人的价值相当于应纳税款的商品、货物或其他财产

D.查封纳税义务人的商品、货物或者其他财产

14.采取税收保全措施的时间是(　　　)。

A.纳税期满前　　　　　　　　　B.纳税期满后

C.申报期满前　　　　　　　　　D.申报期满后

15.税务机关执行扣押、查封商品、货物或者财产时,不正确的做法是(　　　)。

A.由两名以上税务人员执行

B.事先通知被执行人

C.被执行人或其成年家属应到场

D.被执行人拒不到场的不能执行

16.纳税义务人因偷税被税务机关给予两次行政处罚又偷税的,应当(　　　)。

A.处以偷税数额5倍以下的罚款

B.处以偷税数额1倍以上5倍以下的罚款

C.处以3年以下有期徒刑或者拘役,并处以偷税数额1倍以上3倍以下的罚款

D.处以3年以下有期徒刑或者拘役,并处以偷税数额1倍以上5倍以下的罚款

17.因纳税义务人、扣缴义务人计算错误等原因而未缴或者少缴税款,税务机关在3年内可以追征税款、滞纳金;有特殊情况的,追征期可延长到(　　　)年。

A.5　　　　　　B.6　　　　　　C.8　　　　　　D.10

18.纳税义务人未按照规定使用税务登记证件或者转借、涂改、损毁、买卖、伪造税务登记证件的,处2 000元以上1万元以下罚款;情节严重的处以(　　　)。

A. 1万元以上 5万元以下罚款

B. 1万元以上 6万元以下罚款

C. 1万元以上 8万元以下罚款

D. 1万元以上 10万元以下罚款

19.根据《税收征收管理法》及其实施细则的规定,欠缴税款数额较大的纳税义务人在处分其不动产或者大额资产之前,应当向税务机关报告。欠缴税款数额较大是指欠缴税款在( )万元以上。

A. 3　　　　　　B. 5　　　　　　C. 10　　　　　　D. 20

20.因纳税人、扣缴义务人计算错误等失误而未缴或者少缴税款,税务机关在3年内可以追征税款、滞纳金;有特殊情况的,可( )。

A. 只追征税款不加收滞纳金

B. 将追征期延长到10年

C. 将追征期延长到5年

D. 处以 2 000 元以上 1 万元以下罚款

二、多项选择题

1.税务登记的种类包括( )。

A. 开业登记　　　　　　　　　　B. 纳税登记

C. 变更登记　　　　　　　　　　D. 注销登记

2.注册税务登记证的发放对象是( )。

A. 从事生产经营并有工商营业执照的纳税义务人

B. 符合税务登记条件并有工商营业执照的生产经营企业

C. 符合税务登记条件的非独立核算分支机构

D. 符合税务登记条件的非从事生产经营的纳税义务人

3.下列单位和个人需要办理纳税申报的有( )。

A. 负有扣缴义务的单位

B. 停业的个体户

C. 未取得营业执照从事经营的个人

D. 正在享受免税待遇的外商投资企业

4.现行纳税申报方式中,须经税务机关审批后才能采用的有( )。

A. 直接申报　　　　　　　　　　B. 邮寄申报

C. 电子申报　　　　　　　　　　D. 委托代理申报

5.某市供电局办税人员在规定期限内填制《纳税申报表》,向主管税务机关办理纳税申报事项,则《纳税申报表》主要内容应包括( )。

A. 应纳税项目　　　　　　　　　B. 适用税率

C. 计税依据和应纳税额　　　　　D. 扣除项目及标准和税款所属期限

6.根据《税收征收管理法》的规定,适用于核定征收的情况包括( )。

A. 个体经营

B.账目混乱或者成本资料、收入凭证、费用凭证残缺不全而难以查账征收

C.发生纳税义务,未按照规定的期限办理纳税申报

D.关联企业不按照独立企业之间的业务往来收取支付价款、费用,而减少其应纳税的收入或者所得额

7.有下列(　　)行为的,由税务机关责令限期改正,可以处以 2 000 元以下罚款;情节严重的,处以 2 000 元以上 10 000 元以下罚款。

A.未按规定的期限申报办理税务登记、变更或注销登记

B.未按规定的期限办理申报纳税

C.未按照规定设置、保管账簿、记账凭证和有关资料

D.未按照规定将财务、会计制度或财务会计处理办法报送税务机关备案

8.下列关于税务登记证的说法中正确的有(　　)。

A.税务登记证正副本有不同的作用及法律效力

B.注册税务登记证发给非从事生产经营的纳税义务人

C.税务登记证每 3 年更换一次

D.税务登记证丢失不补

9.下列几种情形中,符合发票管理地域性要求的有(　　)。

A.省、自治区、直辖市范围内使用的发票决不能在外地印制

B.纳税义务人只能在其机构所在地领购普通发票

C.发票只限于领购者在领购地开具

D.发票一般由领购者在领购地缴销

10.S 纸业公司为已办理税务登记的企业,该企业办理下列事项时必须持税务登记证件的是(　　)。

A.领购发票

B.申请减税、免税、退税

C.外出经营活动税收管理证明

D.增值税一般纳税人认定和其他有关税务事宜

11.税务机关采取税收保全措施的方法主要有(　　)。

A.书面通知纳税义务人开户银行或其他金融机构暂停支付纳税义务人相当于应纳税额的存款

B.通知纳税义务人开户银行或其他金融机构从其存款中扣缴税款

C.查封、扣押纳税义务人的价值相当于应纳税款的商品、货物和其他财产,责令纳税义务人限期缴纳

D.查封、扣押、拍卖其价值相当于应纳税款的商品、货物或其他财产,以拍卖所得抵缴税款

12.在纳税义务人的下列行为中,税务机关有权要求其提供纳税担保的有(　　)。

A.办理税务登记手续

B.外来临时经营者购买普通发票

C.转移、隐匿应税商品、货物或其他财产

D.欠缴税款的纳税义务人需要出境

13.下列行为中,税务机关有权要求提供纳税担保的有(　　)。

A.纳税义务人办理延期纳税申报

B.欠缴税款的纳税义务人需要出境

C.外来经营者购买普通发票

D.纳税义务人申请延期缴款

14.纳税担保的具体形式包括(　　)。

A.纳税保证金担保　　　　　　　　B.纳税担保人担保

C.纳税担保书担保　　　　　　　　D.纳税担保物担保

15.税务机关的税收保全措施除了"扣押""查封"以外还有(　　)。

A.扣缴税款入库　　　　　　　　　B.纳税担保

C.拍卖物品抵缴税款　　　　　　　D.限制出境

16.根据《税收征收管理法》的规定,税务机关有权(　　)。

A.检查纳税义务人的账簿、记账凭证、报表和有关资料

B.到纳税义务人的生活场所检查纳税义务人应纳税的商品、货物或者其他财产

C.到车站、码头、机场、邮政企业及其分支机构检查纳税义务人托运、邮寄应纳税的商品、货物或者其他财产的有关单据、凭证和有关资料

D.询问纳税义务人、扣缴义务人与纳税或者代扣代缴、代收代缴税款有关的问题和情况

17.下列各项中,税务机关可以采取"核定征收"方式征税的有(　　)。

A.擅自销毁账簿或者拒不提供纳税资料

B.企业开业初期、生产经营尚未正规

C.企业财务会计管理人员严重不足

D.纳税义务人申报的计税依据明显偏低,又无正当理由

18.根据《税收征收管理法》的规定,下列各项中税务机关有权核定其应纳税额的有(　　)。

A.未办理税务登记临时从事生产经营的

B.依照法律行政法规的规定可以不设置账簿的

C.纳税人申报的计税依据明显偏低,又无正当理由的

D.依照法律行政法规的规定应当设置但未设置账簿的

19.下列各项中,符合《税收征收管理法》规定的征税方式有(　　)。

A.税务机关通过典型调查,逐户确定营业额和所得额

B.税务机关按照纳税人提供的账表所反映的经营情况,依照适用税率计算缴纳税款

C.税务机关对纳税人的应税商品查验数量,按市场一般售价计算其销售收入并据以征税

D.税务机关根据纳税人的从业人员、生产设备、采用原材料等因素,核定其应税产品

的产量、销售额,并据以征税

三、判断题

1.不从事生产经营活动,但依照法律、法规的规定负有纳税义务的单位和个人,除临时取得应税收入或发生应税行为以及只缴纳个人所得税、车船税以外,都应按规定向税务机关办理纳税登记。   (   )

2.对外省来本地从事临时经营活动的单位和个人,本省税务机关可以售予其发票,但应要求提供担保人,或者根据所领购发票的票面限额与数量要求其缴纳 10 000 元以下的保证金,并限期缴销发票。   (   )

3.税收保全措施是税收强制执行措施的必要前提,税收强制执行措施是税收保全措施的必然结果。   (   )

4.犯非法出售增值税专用发票罪的,处以 3 年以上 10 年以下有期徒刑,并处以 5 万元以上 50 万元以下罚款。   (   )

5.纳税义务人申请领购发票,主管税务机关有权要求其提供担保人,不能提供担保人的,可以视其情况,要求其提供保证金,并限期缴销发票。   (   )

6.未按税法规定安装、使用税控装置,或者损毁或者擅自改动税控装置的,由税务机关责令限期改正,可处以 2 000 元以下的罚款;情节严重的,可处以 2 000 元以上 10 000元以下的罚款。   (   )

7.纳税人发生解散、破产、撤销以及其他情形,依法终止纳税义务的,应当自工商行政管理机关办理注销之日起 30 日内,持有关证件向原税务登记管理机关申报办理注销税务登记。   (   )

8.税务机关为保全税款,对纳税人采取强制执行措施查封的、继续使用不会减少其价值的财产,执行机关可以允许被执行人继续使用。   (   )

9.根据《税收征收管理法》规定,税务机关是发票的主管机关,负责发票的印刷、领购、开具、保管、缴销的管理和监督。   (   )

10.根据《税收征收管理法》,税务机关工作人员均有权在给企业出具清单后,到企业调取账簿进行纳税检查。   (   )

◈ 任务驱动

【工作任务 1】   前进公司是一家私营企业,2010 年 2 月 13 日领取了工商营业执照,之后设置了账簿,进行会计核算。2013 年 12 月,业主感到自身账簿核算很不规范,容易检查出问题,便将开业以来的账簿进行了销毁,后被主管税务机关发现,受到严厉的处罚。

根据以上情况选择正确答案:

(1)该公司设置账簿的法定时间应该是(   )。

A.2010 年 2 月 22 日以前   B.2010 年 2 月 27 日以前

C.2010 年 3 月 12 日以前   D.2010 年 5 月 12 日以前

(2)该公司应该设置的账簿有(   )。

A.收支凭证粘贴簿   B.进销货物登记簿

C. 总账　　　　　　　　　　　　　　　D. 明细账

(3)纳税义务人账簿的保存期一般为( )年。

A. 3　　　　　　　B. 5　　　　　　　C. 8　　　　　　　D. 10

(4)企业销毁账簿时必须做的工作有( )。

A. 选择可靠的废品收购部门

B. 编制账簿销毁清册

C. 报请主管税务机关批准

D. 获批准后将账簿拆散出售给废品收购站

【工作任务2】 万利达装饰装潢公司主要业务是承揽装修工程,同时销售装饰材料。经理王某多次指使财务人员采取销售不入账的手法以偷逃税款。2013 年 12 月 11 日,经群众举报,税务所对该公司进行了纳税检查,发现了其隐瞒收入、偷逃税款的事实,偷逃企业所得税 17 892 元,占同期应纳税额的 13.4%,税务所根据调查结果做出如下处罚决定:对万利达公司处以所偷税款一倍的罚款,限其 5 日内缴清税款和罚款,并告知纳税义务人复议和诉讼的权利期限。税务所制作了《税务行政处罚通知书》,直接交给纳税义务人。由于该公司偷税数额较大,已达到了刑事处罚的标准,因此,税务所立案以后移送司法机关处理。

根据上述案例选择正确答案:

(5)万利达公司最终应受的处罚是( )。

A. 补缴税款　　　　　　　　　　　　　B. 罚款

C. 立案移送　　　　　　　　　　　　　D. 有期徒刑及罚款

(6)税务所在本案中做出的正确决定有( )。

A. 限 5 日内缴清税款　　　　　　　　　B. 处罚款

C. 告知纳税义务人相关诉权　　　　　　D. 立案移送

(7)税务所做出的不恰当处理决定有( )。

A. 限 5 日内缴清税款　　　　　　　　　B. 处以一倍罚款

C. 制作《税务行政处罚通知书》　　　　D. 立案移送

(8)如果该公司在 5 日内未缴清税款,税务所的正确处理是( )。

A. 直接强制执行　　　　　　　　　　　B. 采取保全措施

C. 申请上级税务机关强制执行　　　　　D. 申请人民法院强制执行

【工作任务3】 某县国税局接到群众举报,县属某工贸公司有进货不入账、企图逃税的行为,经查证责令该公司在 5 日内缴清税款。第二天该公司不但未去缴税,反而将账户上的资金转走,税务局得到消息后,便责令该公司提供纳税担保。该公司到县政府找到主管部门,主管部门向国税局作了口头纳税担保。国税局不同意,最后该公司以库存原材料作了纳税担保。

根据上述情况选择正确答案:

(9)国税局责令该公司提供纳税担保的时间( )。

A. 太早了　　　　B. 太晚了　　　　C. 非常恰当　　　　D. 无所谓

(10)国税局不同意公司主管部门提供纳税担保是因为(　　)。

A. 主管部门未作书面担保　　　　　　B. 主管部门没有担保资格

C. 国税局不信任主管部门　　　　　　D. 主管部门无经济能力

(11)该公司在上述过程中出现的错误有(　　)。

A. 进货不入账　　　　　　　　　　　B. 转移账户资金

C. 找主管部门担保　　　　　　　　　D. 以库存原材料作担保

(12)如果担保期满后该公司仍不缴税,国税局的对策是(　　)。

A. 变卖公司库存原材料抵缴税款　　　B. 采取税收保全措施

C. 找回公司转移出去的资金　　　　　D. 请求人民法院强制执行

【工作任务4】　某乡税务所发现一个未取得营业执照而从事工程承包的某工程队正在进行工程收尾工作,便责令其提缴纳税保证金。工程队以工程价款未结算、无现金为由,拒不提供担保。乡税务所所长便带人将工程队的一台搅拌机拉到税务所扣押,并给工程队写了一张收条。工程队急需搅拌机,于是赶紧缴纳了税款,并要求领回搅拌机。由于税务所相关人员不在,两天后才退回搅拌机,给工程队造成一定的损失。

根据上述情况选择正确答案:

(13)税务所责令工程队提缴纳税保证金的时机(　　)。

A. 有些超前　　　　　　　　　　　　B. 是正确的

C. 有些滞后　　　　　　　　　　　　D. 不成熟

(14)乡税务所所长带人扣押工程队搅拌机的过程中存在的问题主要有(　　)。

A. 所长未请示上级税务机关批准　　　B. 未经工程队同意

C. 未给工程队开正式收据　　　　　　D. 未将搅拌机交县税务局保管

(15)本案中税务所涉及的行政工作主要有(　　)。

A. 责令纳税义务人提供纳税担保　　　B. 采取税收保全措施

C. 采取税收强制执行措施　　　　　　D. 进行税务行政赔偿

(16)工程队缴税后,税务所存在的工作失误是(　　)。

A. 税务所未撤销责令工程队提供纳税担保行为的决定

B. 税务所未立即解除税收保全措施

C. 税务所未采取强制执行措施

D. 税务所未对工程队处以罚款

税收征管实务

一、实训学时:4学时

二、实训类型:项目实训

三、实训目的

税务登记与领购发票是税收征收管理工作中极为重要的环节,是纳税人最基本的报税业务。通过本项实训,使学生熟悉税务登记和领购发票的办理方法与流程,掌握开业税务登记表、附表及发票领购簿的填写方法。

四、能力目标

1. 能向税务机关办理开业税务登记。

2. 能够根据企业经营范围的需要领购发票。

五、实训操作流程

报送税务登记有关资料——→填写税务登记表——→税务机关审核和核定纳税事项——→税务机关建立分户档案打印税务登记证——→领取税务登记证

六、实训内容

根据实训资料【10-1】,填写《税务登记表》及附表。

七、实训资料

【10-1】 石家庄鑫山钢材公司,是一家有限责任公司,于 2013 年 1 月 5 日领取工商营业执照,1 月 26 日正式开业。法定代表人陈新海,财务负责人郑利,办税员王平,有会计人员 3 名。税务登记号为 13010871621656832727,该公司申请注册地为石家庄市长安区,生产经营地址为石家庄市长安区胜利路 88 号。邮政编码为 050099,电话号码为 0311-89118888,开户银行为中国工商银行胜利路支行,账号 1897654666。该公司主营钢材,兼营五金材料,经营期限 30 年,员工共计 30 人。该公司工商营业执照核准的注册资本为 9 000 万元,企业合同规定的投资总额为 10 000 万元。

请根据以上资料填写《税务登记表》及附表。

子任务 1 开业税务登记

任务描述

1. 准备开业税务登记所需要的材料。

2. 填写开业税务登记表。

任务资料

1. 企业基本情况。(见实训资料【12-1】)

2. 相关表格:开业税务登记表。

理论指导

一、开业登记概念

开业税务登记是指纳税人依法成立并在工商行政管理部门登记后,为确认其纳税人身份而纳入国家税务管理体系并到税务机关进行的登记。

二、开业税务登记所需资料

从事生产、经营的纳税人应当自领取营业执照,或者自有关部门批准设立之日起 30

日内,或者自纳税义务发生之日起 30 日内,到税务机关办税服务厅领取税务登记表,填写完整后提交税务机关办税服务厅,办理开业税务登记,并提供以下资料。

1.工商营业执照或其他核准执业证件原件及复印件。

2.注册地址及生产、经营地址证明(产权证、租赁协议)原件及其复印件;如为自有房产,请提供产权证或买卖契约等合法的产权证明原件及其复印件;如为租赁的场所,请提供租赁协议原件及其复印件,出租人为自然人的还须提供产权证明的复印件;如生产、经营地址与注册地址不一致,分别提供相应证明。

3.验资报告或评估报告原件及其复印件。

4.组织机构统一代码证书副本原件及复印件。

5.有关合同、章程、协议书复印件。

6.法定代表人(负责人)居民身份证、护照或其他证明身份的合法证件原件及其复印件。

7.纳税人跨县(市)设立的分支机构办理税务登记时,还须提供总机构的税务登记证(国、地税)副本复印件。

8.改组改制企业还须提供有关改组改制的批文原件及其复印件。

9.房屋产权证、土地使用证、机动车行驶证等证件的复印件。

10.汽油、柴油消费税纳税人还需提供:

(1)企业基本情况表;

(2)生产装置及工艺路线的简要说明;

(3)企业生产的所有油品名称、产品标准及用途。

11.外商投资企业还需提供商务部门批复设立证书原件及复印件。

三、工作流程、标准和要求

1.受理:按照属地管理原则向纳税人发放《税务登记表》,接受纳税人提供的相关证件和资料。对于不属于本辖区管理的不予受理,并告知纳税人到管辖地税务机关办理登记。

2.审核、发证:审核纳税人提交的证件和资料是否齐全,税务登记表的填写内容是否准确无误,办理开业税务登记的时间是否逾期,对符合条件的当场办结,按照规定的征管范围确定管辖的税务分局(所),由申报征收窗口收取登记证工本费后,发放税务登记证件。纳税人提交的证件和资料不齐全或税务登记表的填写内容不符合规定,税务机关应当场通知其补正或重新填报。对于新设立的纳税人其法定代表人或业主已被税务机关认定为非正常户的,告知纳税人到被认定为非正常户的原纳税人的主管税务机关接受处理,在接到原认定部门通知后,方可受理该纳税人的税务登记申请。纳税人提交的证件和资料明显有疑点的,打印《税务文书领取通知单》交给纳税人,制作《纳税人涉税事项核查单》传递至税务分局(所)进行实地调查,税务分局(所)调查核实签署意见后传递综合服务窗口,经核实符合规定的,在 10 日内予以发放税务登记证件。纳税人凭《税务文书领取通知单》领取《税务登记证》。

3.对已办理税务登记的,由纳税人填写《纳税人税种登记表》,审核填写是否规范、项目是否齐全、内容与税务登记表有关内容是否一致,符合要求的,对纳税人的纳税事项进行核定并录入征管信息系统。

4. 发放证件时,对符合免收税务登记工本费条件的纳税人,由综合服务窗口审核相关证件后免费发放税务登记证件。

5. 如果纳税人逾期申请办理税务登记,审核录入登记基本信息后,进行违法违章处理,申报征收窗口征收罚款,审核发放税务登记证件。

6. 建立纳税人档案,对有关资料进行归档。

注:对于在行政审批中心设置的服务窗口办理税务登记时,对逾期办理税务登记的纳税人,应告知纳税人到主管税务机关的办税服务厅办理。

四、《税务登记表》的主要内容和填写方法

根据《中华人民共和国税收征管法实施细则》第六条规定,税务登记表的主要内容包括:

1. 纳税人名称、法定代表人或负责人姓名及其居民身份证号码、护照或其他合法证件的号码;

2. 住所、经营地点;

3. 经济类型;

4. 核算形式;

5. 生产经营范围、经营方式;

6. 注册资金(资本)、投资总额、开户银行及账号;

7. 生产经营期限、从业人数、营业执照号码;

8. 财务负责人、办税人员;

9. 其他有关事项。

企业在外地设立的分支机构或从事生产、经营的场所,还应当登记总机构名称、法定代表人业务范围、财务负责人等内容。

子任务 2　增值税开票系统训练

一、实训学时:8 学时

二、实训类型:项目实训

三、实训目的

增值税发票开具是学生的一项基本功,是会计核算的基础。通过本项实训,使学生熟悉企业的工作过程,掌握增值税专用发票和普通发票的开具方法,掌握带销售清单发票和带折扣发票的开具方法,熟悉红字发票申请单的开具流程,掌握红字发票的开具方法。

四、能力目标

1. 掌握增值税专用发票、普通发票、带清单发票、带折扣发票、红字发票等各种发票的开具方法。

2. 能够根据企业的具体经济业务开具发票,正确核算增值税销售税额。

五、实训操作流程

增值税专用发票——→增值税普通发票——→带销售清单发票——→带折扣发票——→红字发票申请单——→负数发票

六、实训内容

1.根据实训资料【10-2】,设置所有客户编码和商品编码。

2.根据实训资料【10-2】,按要求开具增值税发票。

七、实训资料

【10-2】 河北环宇信息有限公司信息:

地址:石家庄市开发区天山大街666号

纳税人识别号:130101000000000

电话:0311—85968999

开户行:民生银行天山大街分行

账号:100456732899

河北环宇信息有限公司2013年×月发生了以下业务,请你按要求开具发票。

1.增值税专用发票

河北工业炉具有限责任公司,位于石家庄市开发区天山大街880号。

纳税人识别号:130112601903312

地址:电话0311—85967888

开户行:民生银行天山大街分行

账号:100456733657。

2013年×月×日从河北环宇信息有限公司购入钢材20吨,不含税单价为3 650元/吨,货款以支票支付。请你根据此业务为河北环宇信息有限公司开具发票。(钢材为直径20毫米的钢筋)

2.增值税普通发票

李海涛2013年×月×日从河北环宇信息有限公司购入3号钢板5张,含税价每张330元。李海涛身份证号:130104198212264416,家庭住址:石家庄胜利北街88号。开户行:农行胜利北街支行,账号:6228480630123456。请你根据此业务为河北环宇信息有限公司开具发票。

3.增值税专用发票

石家庄丽华装饰有限公司,位于石家庄开发区湘江大道9号。

纳税人识别号:130112111768111

电话0311—85967786

开户行:农业银行湘江大道支行

账号:5019236496

2013年×月×日从河北环宇信息有限公司购入2.75毫米钢板20张,每张含税价351元。请你根据此业务为河北环宇信息有限公司开具发票。

4.带销货清单的专用发票

石家庄丽华装饰有限公司 2013 年×月×日,从河北环宇信息有限公司购入 5 mm 钢板 2 张,每张含税价 100 元;10 mm 钢板 2 张,每张含税价 200 元;30 mm 钢板 1 张,每张含税价 650 元;20 mm 钢板 2 张,每张含税价 460 元;12 mm 钢板 4 张,每张含税价 350 元;2.75 mm 开平板 2 张,每张含税价 100 元;1.8 mm 开平板 2 张,每张含税价 80 元;12 * 6 米槽钢 2 根,含税单价 500 元;25 * 6 米槽钢 1 根,含税单价 800 元。请你为此业务开具一张带销货清单的增值税专用发票。

5.带折扣的

石家庄祥发有限责任公司,位于石家庄红旗大街 388 号。

纳税人识别号:130112739826779613384

电话:0311-80369373

开户行:中国工商银行红旗大街支行

账号:779613784355

2013 年×月×日从河北环宇信息有限公司购入 20mm 钢材 10 吨(钢材为直径 20 毫米的钢筋),每吨钢材含税价 3 690 元,经过商议同意给予 10%折扣。请你为此项业务开具一张带折扣的增值税专用发票。

6.专用发票红字发票的开具

业务 1 的货物有质量问题,该发票已经报税,不能作废。河北工业炉具有限公司×月 25 日在该公司所属的税务局开具了退货证明并开具红字发票通知单,通知单编号为 130102201300065×。请根据此业务直接开具红字发票。

7.专用发票红字发票的开具

对方拒收业务 3 开具的发票,我单位已经报税,请你开具红字发票申请单。假如用此申请单从税务局开具的红字发票通知单的编号为 13012201300066×,请开具红字发票。

8.作废发票

2013 年×月 26 日石家庄丽华装饰有限公司发现业务 4 开具的发票无法认证,要求将该张发票作废。将业务 4 已开具的发票作废。(已开发票作废,该发票还没报税,没跨月。)

子任务 2　设置客户编码和商品编码

◆ 任务描述

1.搜集企业所销售的商品信息和客户资源。

2.录入商品编码和客户编码。

◆ 任务资料

企业销售商品信息和交易客户。（见实训资料【12-2】）

◆ 理论指导

一、客户编码和商品编码

客户编码用来录入与企业发生业务关系并需要为其开具发票的客户信息，也可以对已录入的客户信息进行修改和删除。填开发票时，"购方信息"可以从该客户编码库中选取。

商品编码用来录入本企业所销售的商品信息，也可以对已录入的商品信息进行修改和删除。填开发票时，"商品信息"只能从该商品编码库中选取。

二、客户编码和商品编码所需资料

实训资料【12-2】已经给出了河北环宇信息有限公司所售商品信息和往来客户资料。

三、操作步骤

（一）客户编码

主要功能：用来录入与企业发生业务关系并需要为其开具发票的客户信息，也可以对已录入的客户信息进行修改和删除。填开发票时，"购方信息"可以从该客户编码库中选取。

操作步骤：

【第一步】点击"系统设置/编码设置/客户编码"菜单项，便弹出"客户编码设置"窗口。

【第二步】在"客户编码设置"窗口中，可以对客户编码数据进行录入、修改、删除以及查询等一系列编辑操作，还可以根据需要增加或删除编码表的附加栏目。

备注：

1.各栏目数据说明及编辑方法：

（1）编码：采用变长分级编码方案，编码最大长度为 16 个字符。

（2）名称：客户单位名称，最大长度为 50 个汉字，由用户直接输入。

（3）简码：必须由大写半角字母开始，最大长度为 6 个字符；末级编码由用户直接输入。

（4）税号：客户的纳税登记号，可以为 15 位、17 位、18 位或 20 位数字或字母，也可以为空。

（5）地址电话：点击该栏目中的按钮，便弹出"备注字段编辑器"，在此编辑中便可以输入地址电话等信息。输入完毕点击"确认"按钮，则编辑结束。

（6）银行账号：与上面的"地址电话"栏目输入方法完全相同。

（7）邮件地址：用于输入客户的邮箱地址，用户直接输入。

2.增加客户：点击工具条中的"＋"按钮，便在当前行的上一行插入一条新记录，且自动依序产生与当前行同级的客户编码。用户可以修改此编码并可以录入其他栏目的数据。

3.删除客户:首先选中要删除的客户记录,然后点击工具条中的"—"按钮,便可以删除这条记录。

4.编码族管理方法:

(1)编码结构显示:在编码族管理器中,用树状结构显示客户编码的等级关系。

(2)按族查询客户信息:在编码族管理器中,将树状结构展开,然后选中任何一个节点,则在右侧的数据表中显示该编码族的全部客户。

(3)编码族增位:首先选择一个节点,即一个编码族,然后点击编码族管理菜单中的"编码族增位"菜单项,则该族中的所有下级编码都增加一位"0"。

(4)编码族减位:选择一个编码族,然后点击编码族管理菜单中的"编码族减位"菜单项,则该族中的所有下级编码都减掉一位"0"。

(5)编码族删除:选择一个编码族,然后点击编码族管理菜单中的"编码族删除"菜单项,则该族中的所有下级编码都被删除。

(6)编码族重建:当编码族树状结构被破坏或发生更改而造成与实际编码结构不一致时,利用编码族管理菜单中的"编码族重建"菜单项,根据实际编码结构重建编码族树状结构。

(7)显示方式切换:显示编码还是显示名称,可以通过编码族管理菜单中的"显示编码"与"显示名称"两个菜单项进行切换。

【第三步】数据编辑完毕,点击窗口工具条中的修改生效按钮(对号)或将光标移到其他记录行,系统将当前编辑的数据存入数据库。如果当前行数据输入完毕,没有点击本窗口工具条中的修改生效按钮或将光标移到其他记录行,则当前编辑行数据不存入数据库,此时如果点击退出按钮,系统退出当前编辑窗口并直接将当前编辑行数据存入数据库;如果点击本窗口右上角的"×"按钮,系统退出当前编辑窗口但当前编辑行数据不存入数据库。

(二)商品编码

主要功能:用来录入本企业所销售的商品信息,也可以对已录入的商品信息进行修改和删除。填开发票时,"商品信息"只能从该商品编码库中选取。

操作步骤:

【第一步】点击"系统设置/编码设置/商品编码"菜单项,便弹出"商品编码设置"窗口。

【第二步】在"商品编码设置"窗口中,可以对商品编码数据进行录入、修改、删除以及查询等一系列编辑操作,还可以根据需要增加或删除编码表的附加栏目。

备注:

1.各栏目数据说明及编辑方法:

(1)编码:采用变长分级编码方案,编码最大长度为 16 个字符。

(2)名称:商品名称,此项数据不能为空,最多可输入 50 个汉字,可打印出 40 个汉字,由用户直接输入。

(3)简码:必须由大写字母打头,最大长度为 6 个字符,由用户直接输入。

(4)商品税目及税率:点击该栏目中的按钮,便弹出"商品税目编码选择"窗口,在此处可以选择与该商品相对应的税目。若不存在相对应的税目,则可以在此处增加新税目。选中双击或点击"选择"按钮,则其"税目编码"值以及"税率"值便自动写入商品税目和税率栏。

(5)规格型号:由用户直接输入,最多可输入 40 个字符,可打印出 36 个字符。

(6)计量单位:由用户直接输入,最多可输入 16 个汉字,可打印出 8 个汉字。

(7)单价:用户直接输入,必须为数字。

(8)含税标志:指定"单价"是含税或不含税。只有"是"(T)与"否"(F)两种取值,分别表示含税单价与不含税单价。可通过该栏目中的按钮进行切换。

2.增加商品:点击工具条中的"+"按钮,便在当前行的上一行插入一条新记录,且自动依序产生与当前行同级的商品编码。用户可以修改此编码并可以录入其他栏目的数据。

3.删除商品:首先选中要删除的商品记录,然后点击工具条中的"—"按钮,便可以删除这条记录。

4.编码族管理方法:

(1)编码结构显示:在编码族管理器中,用树状结构显示客户编码的等级关系。

(2)按族查询客户信息:在编码族管理器中,将树状结构展开,然后选中任何一个节点,则在右侧的数据表中便显示该编码族的全部客户。

(3)编码族增位:首先选择一个节点,即一个编码族,然后点击编码族管理菜单中的"编码族增位"菜单项,则该族中的所有下级编码都增加一位"0"。

(4)编码族减位:选择一个编码族,然后点击编码族管理菜单中的"编码族减位"菜单项,则该族中的所有下级编码都减掉一位"0"。

(5)编码族删除:选择一个编码族,然后点击编码族管理菜单中的"编码族删除"菜单项,则该族中的所有下级编码都被删除。

(6)编码族重建:当编码族树状结构被破坏或发生更改而造成与实际编码结构不一致时,利用编码族管理菜单中的"编码族重建"菜单项,根据实际编码结构而重建编码族树状结构。

(7)显示方式切换:显示编码还是显示名称,可以通过编码族管理菜单中的"显示编码"与"显示名称"两个菜单项进行切换。

【第三步】数据编辑完毕,点击本窗口工具条中的修改生效按钮或将光标移到其他记录行,系统将当前编辑的数据存入数据库。如果当前行数据输入完毕,没有点击本窗口工具条中的修改生效按钮或将光标移到其他记录行,则当前编辑行数据不存入数据库,此时如果点击退出按钮,系统退出当前编辑窗口并直接将当前编辑行数据存入数据库;如果点击本窗口右上角的"×"按钮,系统退出当前编辑窗口但当前编辑行数据不存入数据库。

子任务3　增值税发票开具

任务描述

1.根据实训资料【10-2】的内容开具增值税专用发票、带销货清单发票和带折扣发票。

2.根据实训资料【10-2】的内容开具增值税普通发票、红字发票申请单和红字发票。

任务资料

见实训资料【10-2】。

理论指导

一、用户首先持本企业的税控IC卡到税务机关的发票发售窗口购买所需种类的发票即纸质发票和IC卡电子信息;购得发票后,用户必须将新购发票卷从税控IC卡及时读入到企业开票金税卡中,以备使用。

二、操作步骤

开票子系统支持开具专用发票和普通发票两种发票即一机多票,下面以开具专用发票为例讲解填开步骤,普通发票的填开方法与此相同。

(一)开具增值税专用发票

操作步骤:

【第一步】选择"发票管理/发票开具管理/发票填开/专用发票填开"菜单。

【第二步】按系统提示进行发票号码确认。

【第三步】进入"增值税专用发票填开"界面。

【第四步】填写购货方信息。一是从客户编库中调取。二是手工录入。手工录入后点击"客户"按钮,将手工录入信息导入客户编码库。

【第五步】填写商品信息。单击商品名称,从商品编码库中选取。软件默认单价是不含税的,可点工具栏"税/价格"按钮,进行含税、不含税转换。一张发票只能开一种税率的商品,一张发票可开8行商品信息。"收款"和"复核"都录入行。

【第六步】打印发票。

(二)开具带销货清单的专用发票

【第一步】选择"发票管理/发票开具管理/发票填开/专用发票填开"菜单。

【第二步】按系统提示进行发票号码确认。

【第三步】进入"增值税专用发票填开"界面。

【第四步】填写购货方信息。

【第五步】点击"清单"按钮。

【第六步】进入"销货清单填开"界面。清单上的单价取决于发票票面单价。

【第七步】填写各条商品信息。

【第八步】点击"退出"返回发票界面。

【第九步】打印发票。发票可以多次打印,可先在 A4 纸上打印,看看位置是否居中,然后再在正式发票上打印。

【第十步】在"已开发票查询"中打印销货清单。

(三)开具带折扣的专用发票

【第一步】选择"发票管理/发票开具管理/发票填开/专用发票填开"菜单。

【第二步】在"发票填开"或"销货清单填开"界面中,选择相应商品行。

【第三步】设置"折扣行数"。

【第四步】设置"折扣率"或"折扣金额"。折扣金额以负数形式打印在发票上。

【第五步】打印发票(销货清单请在"已开发票查询"中打印)。

(四)开具负数专用发票

企业需要开具红字专用发票时,应先向税务机关提交申请单,税务机关审核并开具通知单后,企业方可开具红字专用发票。根据实际业务需要,可以分为购买方申请开具和销货方申请开具,两种处理流程不同。

1. 开具流程

(1)购买方申请开具

①开具情况

当出现以下情况时,应由购买方申请开具红字专用发票:

购买方获得的专用发票认证相符且已进行了抵扣,之后因发生销货退回或销售折让需要做进项税额转出;

购买方获得专用发票后因以下问题无法抵扣时:

A 专用发票抵扣联、发票联均无法认证;

B 专用发票认证结果为纳税人识别号认证不符;

C 专用发票认证结果为专用发票代码、号码认证不符;

D 所购货物不属于增值税扣税项目范围。

②开具流程

购买方开具红字专用发票的具体流程图:

购买方开具并提交申请单──→购买方税务机关审核后开具通知单──→购买方将通知单交与销售方──→销售方开具红字专用发票

企业在自己的开票软件中开具申请单,税务机关接到申请单后,开具通知单(通知单编号为六位,全国统一),购货方将通知单转交销售方,销售方开具红字发票。

(2)销售方申请开具

①开具情况

当出现以下情况时,应由销售方申请开具红字专用发票:

因开票有误购买方拒收;

因开票有误等原因尚未交付。

②开具流程

销售方开具并提交申请单——→销售方税务机关审核后开具通知单——→销售方开具红字专用发票

2.开具方法

操作步骤：

【第一步】选择"发票管理/发票开具管理/发票填开/专用发票填开"菜单。

【第二步】按系统提示进行发票号码确认。

【第三步】进入"增值税专用发票填开"界面。

【第四步】点击"负数"按钮。

【第五步】选择"直接开具"功能。

【第六步】按要求填写对应的通知单编号。

【第七步】按要求填写相应正数发票代码、号码。

【第八步】系统弹出相应正数发票代码、号码及相关信息确认窗口。

【第九步】系统自动生成相应的负数发票。若所填正数发票代码和号码已不在当前发票库,则系统进入负数发票填写界面,用户需手工填写负数发票票面信息。

【第十步】打印发票。

(五)开具负数普通发票

操作步骤：

【第一步】选择"发票管理/发票开具管理/发票填开/普通发票填开"菜单。

【第二步】按系统提示进行发票号码确认。

【第三步】进入"普通发票填开"界面。

【第四步】点击"负数"按钮。

【第五步】按要求填写相应正数发票代码、号码两遍,两次输入必须一致。

【第六步】系统弹出相应正数发票代码、号码及相关信息确认窗口。

【第七步】系统自动生成相应的负数发票。若所填正数发票代码和号码已不在当前发票库,则系统进入负数发票填写界面,用户需手工填写负数发票票面信息。

【第八步】打印发票。

(六)作废发票

1.已开发票作废

操作步骤：

【第一步】选择"发票管理/发票开具管理/已开发票作废"菜单。(只有在当月已开发票没有抄税的情况下,才可以作废。如果是跨月了或者是抄税了,只能开具红字发票。)

【第二步】选中欲作废的发票号码。(谁开的发票,由谁来作废。管理员可作废所有开票员开具的发票。)

【第三步】点击"作废"按钮。

【第四步】系统弹出"作废确认"提示框,确认是否真要作废发票。

【第五步】点击"确认"按钮,已开发票作废成功。(从"发票查询"功能中查询发票作废是否成功。)

2.未开发票作废

操作步骤:

【第一步】根据要作废的发票种类选择"发票管理/发票开具管理/未开发票作废"下相应的子菜单。(只能作废即将开具的那张发票,不能指定发票号码作废发票!)

【第二步】系统自动调出"未开发票作废号码确认"提示框。

【第三步】点击"确认"按钮,未开发票作废成功。

任务2 税务行政法制

知识目标

1.掌握税务行政复议与诉讼的受案范围;

2.掌握税务行政赔偿的范围和程序;

3.掌握税务行政复议的管辖和受理;

4.掌握税务行政赔偿的程序和赔偿方式。

能力目标

1.能正确提出税务行政复议申请;

2.能正确提起税务行政诉讼。

知识小结

1.关键术语

税务行政处罚、税务行政处罚的简易程序与一般程序、税务行政复议、税务行政诉讼、税务行政赔偿。

2.本章重点、难点

本章重点:税务行政处罚的程序、税务行政复议与诉讼的受案范围和决定、税务行政赔偿的范围和程序标准。

本章难点:税务行政复议与诉讼的受案范围和决定。

能力训练

一、单项选择题

1.税务机关对当事人作出罚款行政处罚决定的,当事人应当在收到《税务行政处罚决定书》之日起 15 日内缴纳罚款,逾期不缴纳的,税务机关可以根据罚款数额对当事人按日加处罚款,计算加处罚款的比例是( )。

  A. 1‰   B. 3‰   C. 1%   D. 3%

  2. 税务机关对当事人作出罚款行政处罚决定的,当事人缴纳罚款的期限是在收到《税务行政处罚决定书》之日起( )日内。

  A. 10   B. 15   C. 30   D. 45

  3. 下列各项中,不属于税务行政侵权国家赔偿范围的是( )。

  A. 税务机关违反规定对当事人实施停止供应发票的

  B. 税务机关工作人员违反规定向纳税人摊派征收费用的

  C. 税务机关及其工作人员采用非法拘禁方式限制纳税人人身自由的

  D. 税务机关及其工作人员合法行使职权,因纳税人和其他税务当事人自己的行为致使损害发生的

  4. 下列各项中,不符合《税收征收管理法》有关规定的是( )。

  A. 采取税收保全措施时,冻结的存款以纳税人应纳税款的数额为限

  B. 采取税收强制执行措施时,被执行人未缴纳的滞纳金必须同时执行

  C. 税收强制执行的适用范围不仅限于从事生产经营的纳税人,也包括扣缴义务人

  D. 税收保全措施的适用范围不仅限于从事生产经营的纳税人,也包括扣缴义务人

  5. 税务行政诉讼的受案范围不包括( )。

  A. 税务机关做出的社会公益行为   B. 税务机关做出的复议行为

  C. 税务机关做出的税收保全措施   D. 税务机关做出的税收强制执行措施

二、多项选择题

  1. 税务行政处罚的类型有( )。

  A. 罚款   B. 没收非法所得

  C. 停止出口退税权   D. 注销税务登记

  2. 税务行政复议的受案范围包括( )。

  A. 税务机关做出的征税行为

  B. 税务机关做出的税务行政处罚行为

  C. 税务机关不予依法办理或答复的行为

  D. 税务机关做出的取消增值税一般纳税人资格的行为

  3. 在税务行政复议期间,可以停止执行税务具体行政行为的情形有( )。

  A. 申请人认为需要停止执行的

  B. 被申请人认为需要停止执行的

  C. 被申请人确实难以执行的

  D. 复议机关认为需要停止执行的

  4. 下列各项争议中,使得税务行政复议成为税务行政诉讼必经的前置程序的有( )。

  A. 税务机关不予依法办理出口退税引起的税务争议

  B. 税务机关不予认定为增值税一般纳税人引起的税务争议

C.因税务机关适用法律错误,致使纳税人少缴税款,税务机关要求补缴两年前的税款引起的税务争议

D.因纳税中介机构计算错误,使纳税人少缴税款,税务机关要求补缴三年前的税款引起的税务争议

5.下列各项中,符合《行政复议法》和《税务行政复议规则(试行)》规定的有( )。

A.对国务院的行政复议裁决不服的,可以向人民法院提出行政诉讼

B.对国家税务总局做出的具体行政行为不服的,向国家税务总局申请行政复议

C.对国家税务总局的具体行为经行政复议仍不服复议决定的,可以向国务院申请裁决

D.对省级税务机关做出的具体行政行为不服,经向国家税务总局申请复议,对复议决定仍不服的,可以向国务院申请裁决

三、判断题

1.在税务行政诉讼中,税务机关不享有起诉权,只有应诉权,即税务机关只能作为被告,且作为被告的税务机关不能反诉。 ( )

2.纳税义务人对税务机关做出的具体行政行为不服的,可以申请行政复议,也可以直接向人民法院提起诉讼。 ( )

3.税务行政诉讼不适用调解,而税务行政赔偿诉讼可以进行调解。 ( )

4.税务行政处罚听证的范围是对公民做出 2 000 元以上或者对法人或其他组织做出 20 000 元以上罚款的案件。 ( )

5.税务机关对当事人做出罚款行政处罚决定时,当事人应当在收到行政处罚决定书之日起 15 日内缴纳罚款,到期不缴纳的,税务机关可以对当事人每日按罚款数额的 3% 加处罚款。 ( )

6.各级税务机关下设的税务所、稽查局以及各内设机构、派出机构都不具有处罚主体资格,不能以自己的名义实施税务行政处罚。 ( )

7.国务院可以通过行政法规的形式设定各种税务行政处罚。 ( )

◆ 任务驱动

【工作任务1】 某市国税局稽查分局在对某企业进行检查时,发现其通过设两套账进行偷税的事实,并就未按规定设账和偷税分别予以处罚。该企业未补税和缴纳罚款,并以未告知诉讼权为由,向某市国税局就行政处罚行为申请税务行政复议。市国税局认为该企业未先缴纳税款,决定不予受理该复议申请,该企业遂提出行政诉讼。

请根据以上案例选择正确答案:

(1)稽查分局对该企业的正确处理应包括( )。

A.补缴税款   B.加收滞纳金

C.处一项罚款   D.处两项罚款

(2)该企业的错误或违法行为有( )。

A.未按规定设置账簿   B.偷税

C.申请税务行政复议　　　　　　　　D.向法院起诉

(3)下列说法中正确的是(　　)。

A.稽查分局处两项罚款是正确的,不应就此提出复议

B.该企业只要认为自己的合法权益受到侵害就可以申请复议

C.稽查分局未告知诉讼权是该企业提出复议申请的根本原因

D.市国税局不受理复议申请是错误的

(4)在该企业提出税务行政诉讼后,被告是(　　)。

A.稽查分局　　　　　　　　　　　　B.市国税局

C.稽查分局和市国税局　　　　　　　D.市国税局的上一级税务机关

【工作任务2】　A县国税局查出B企业在2012年上半年隐瞒产品销售收入5笔,偷税数额8 000元,因此作出《税务处理决定书》和《税务行政处罚决定书》,决定追缴税款8 000元,处以偷税数额2倍的罚款。B企业不服,在缴纳了8 000元税款后,向C市国税局(为A县国税局的上一级国税局)申请复议。在复议期间,A县国税局通知B企业的开户银行,扣缴了罚款16 000元,B企业不服,再次向C市国税局申请复议。C市国税局对于B企业不服强制执行措施的复议申请很快作出复议决定,撤销A县国税局的具体行政行为。B企业随即向A县国税局要求退还已扣缴的罚款,但A县国税局认为复议决定并没有要求退款,且有关税务行政处罚的决定并未被撤销,表示暂不退款,待有关处罚决定的复议结果出来后再处理。C市国税局受理B企业不服税务处理决定和税务行政处罚决定而提起的复议申请后,复议期已满仍未作出复议决定,B企业决定通过行政诉讼来解决这方面的问题。法院审理本案期间,A县国税局进一步查明,原来所认定为偷税的5笔销售收入,实际上只有2笔有确凿的证据,另外3笔难以认定,且按2倍罚款也确实过重,因此决定撤销原处理决定和处罚决定,重新作出决定,改为补缴税款3 000元,罚款1倍。B企业以税务机关已重新作出具体行政行为并愿意接受新的决定为由,向法院申请撤诉。

根据以上案情,请回答下列问题:

(1)C市国税局逾期不作出复议决定,B企业在多长时间内可对A县国税局提起行政诉讼?

(2)C市国税局逾期不作出复议决定,B企业是否可以对C市国税局的不作为提起行政诉讼?

(3)在复议期间,A县国税局所采取的强制执行措施是否正确?为什么?

(4)C市国税局对强制执行措施所作出的复议决定是否正确?为什么?